なぜあなたは株・投信で失敗するのか

田中彰一

JN266972

庫

はじめに

「投資のワナ」をくぐり抜け、「100倍返し」の資産形成を目指す――。これが本書の目的である。

日本企業が「6重苦」を背負い、悲観一色だった経済環境は、安倍晋三政権の誕生で劇的に転換した。東京五輪の開催決定など良いときには良いことが続くもので、日本は久しぶりに沸き立っている。

実はこのとき、あなたは一番危うい局面に立たされている。一番だまされやすい環境に置かれている。一番失敗しやすい心理になっている。

理由はかんたん。運用がうまくいくからである。多少知識が足りなくたってもうかる。多少考えが甘くてももうかる。多少なめてかかってもやっぱりもうかる。

だが、市場環境は秋の空のように変わりやすい。やがて、あなたは持っている株式や投資信託を塩漬けにしてしまう。それは歴史が何度も証明してきたことだ。

筆者は今後数十年、「長生きリスク」が最大のテーマになると見ている。長生きするほど、健康であるほど、人は余生を楽しみたい欲求に駆られる。では、軍資金はいかほど？　そして蓄えられるメドは立っているのか？
85歳まで生きる前提でシミュレーションを試みたところ、老後に必要な資金は退職金・国民年金を除いて２０００万〜３０００万円。読者の方々がなすべきことはこの不足額をひねり出すことだ。だから資産運用は人生をかけた長期計画になる。ＮＩＳＡ（少額投資非課税制度）だろうが確定拠出年金だろうが、失敗は許されない。

本書は２０１１年11月に刊行された単行本を文庫化した。単行本は運用受難期にもかかわらず増刷を重ねたが、むしろ今の環境でこそ効果を発揮する内容になっている。文庫化にあたっては、最新の事例を取り入れて内容・データを刷新した。２００万円が「10倍返し」「１００倍返し」になる銘柄探しのヒントも盛り込んだ。このほか、類書にはない画期的な特長を備えている。

●「敗因分析」によってスキルを磨く

「勝てば官軍」になりがちな成功体験は役に立たない。ミスの過程や失敗の顛末《てんまつ》を分析することで投資技術は磨かれる。数多くの失敗事例を引いて、51のノウハウとテクニックを学ぶ。

●初心者向けだが内容は中・上級レベル

「自分は初心者、入門レベルで十分」という考えで投資の世界へ飛び込む甘さも失敗の原因だ。手心を加えてくれるようなやさしい業界ではない。本書は中・上級レベルの内容を初心者でもわかるように説いている。

●ミスのバロメーターを表示

失敗しやすさについて、頻度、投資経験、運用期間の三つに分けて著した。主観的だが参考になるはずだ。

●どこから読んでも身につく

忙しくてせっかちなあなたのために、どこを開いても短時間で運用のツボ、コツを会得できるようコンパクトにまとめた。

●日経電子版からかんたんにデータ・資料を入手

本書で用いたデータや資料は、ほとんどが日本経済新聞電子版で閲覧可能。誰でも手軽に実践できるよう入手が難しい情報は避けた。

●記者の視点を活かす

1989年12月末、日経平均株価3万8915円の史上最高値を見た記者も、日本経済新聞の取材現場には数えるほどしかいなくなった。25年の取材経験を活かし、読み物としてのおもしろさも詰め込んだ。

●ファイナンシャルプランナー（CFP）としても助言

新聞では書けない定石破り、常識外の手法でも、資産設計の助けになると判断したものはCFPの立場から思い切って紹介した。

本書が運用指南の座右の書として、読者のみなさまのお役に立つことを期待してやまない。

2014年2月

田中 彰一

【注意】 本書に取り上げたあらゆる銘柄（投信含む）や事例は、読者のみなさまの理解の助けになるように選んでおり、投資・購入、あるいは売却・解約などを推奨するものではありません。投資の判断はご自身の責任で行ってください。引用したデータや内容などは主に2013年12月時点のものです。その後の市場環境の変化などは織り込んでいないため、実態と合わないケースがあることをご承知おきください。

目次

CONTENTS

3章 良い投信、悪い投信の見分け方 097

序章

リスクを理解、リスクを分散、リスクを制御

資産運用の基本概念について正しく理解を深めるのが序章のテーマである。

国語のひらがな、算数の足し算・かけ算のように、リスクを理解せずして投資は不可能（投機は可能）。それほど実践的なテーマなのだ。

リスクの意味がわかれば、分散投資とはどういう効果が生じるのか、リスクヘッジとはそもそも何をやっているのかなど、資産運用にからむノウハウが体系的に理解できるようになる。同時に、株式、債券、投信、外国為替など、バラバラ、タテ割りで考えていた商品や市場が一本の糸でつながる。

序章では、投資に対する基礎体力の鍛錬だけでなく、あなたの人生にも役立つアイデアをちりばめた。FPの方も資産運用設計助言業務の参考になるはずだ。

CASE 01

リスクの意味を誤解するな

POINT

リスクとは危険ではなくて変動。意味を取り違えてはいけない。リターンはコントロールできないが、リスクはコントロールできる。

陥りやすさ	■■■■□
タイプ	初〜中級者
運用スパン	短期〜長期

✕ あなたはこうして失敗する

投資の出発点と言える概念だが、案外というほど知らない人が多いのがリスクの意味だ。この意味を取り違えると資産運用の基本を間違える。

リスクは、危険、怖い、危ないという意味ではない。不確実さ、わかりにくさ、である。相場・市場用語に当てはめると、ブレ、変動幅の大きさを指す。

多少わかっていそうな人に「この銘柄の下落リスクは……」と言うと自然に話は通じるのだが、「上昇リスクが……」と話すとポカンとする。やっぱりわかっていないのだ。

信用で売り建てている投資家や株価指数先物で売った人は相場が上がると損失をこうむる。上昇要因は立派なリスク要因だ。株式投資は「買い」から入るのが一般的だし、企業価値の観点からも株価下落は好ましくないため、「株安→悪・危険→リスク」という連想が働くのだろう。

価格を含めて、先行きどうなるか予想できない不確かな要素はみなリスクだ。価格リスク、信用リスク、カントリーリスク、流動性リスク、繰り上げ償還リスク、為替リスク……。増益リスク、上方修正リスクなんていうのもある。業績が上向けば株価は上がる。買わなかったらベンチマーク（運用指標）を下回り、偏差値が50未満の運用成績になってしまう。「持たざるリスク」「買わざるリスク」の台頭だ。リスクとは後ろ向きではなく、中立的・客観的な概念だということがおわかりいただけるだろう。

○これだけは知っておこう

●ローリスク・ハイリターンは存在しない

ハイリスクとはブレが大きいという意味だ。プラスのリターンが大きくなる期待もあれば、マイナスのリターンが大きくなる可能性もある。そういう金融商品、投資対象をハイリスク・ハイリターンと言う。預貯金や債券はほとんどブレないからローリスクだ。その分リターンの幅も小さい。だからローリスク・ローリターン。

ドル建て投信を1ドル100円で買ったとする。1ドル80円に円高が進んだら、ドル建て投信は80円に目減りしてしまう。だが120円に動けば為替差益を享受できる。このドル建て投信は為替リスクがあり、ハイリスク・ハイリターンと言える。為替ヘッジ付きなら、かっきり100円で戻る。為替差損を回避できるが為替差益を得るメリットも消える。リスクとリターンは裏表の関係にあるわけだ。

虎穴に入らずんば虎子を得ず。ローリスク・ハイリターンは存在しない。うまい話があったら、背後に大きなリスクが隠れていると考えなければならない。

●リスク制御は「組み合わせの関係」

ドル建て投信の例でもう一つ重要なポイントがある。為替損益がどうなるかは誰も見通せないということだ。つまりリターンはコントロールできない。だが、為替ヘッジによって換算時の為替レートを固定化(リスク=ゼロ)できた。リスクはコントロールできるのだ。

実際の資産運用では、このリスク制御が巧拙を左右する。初心者でもかんたんにできる方法が「組み合わせ」である。動物園と遊園地の経営者になったつもりで図Aをご覧いただきたい。晴れの日は売上高が伸びるのに、雨の日はさっぱりだ。両方とも似たもの同士だから、天気によって収益が変動する。

図A　売上高のリスクと相関関係

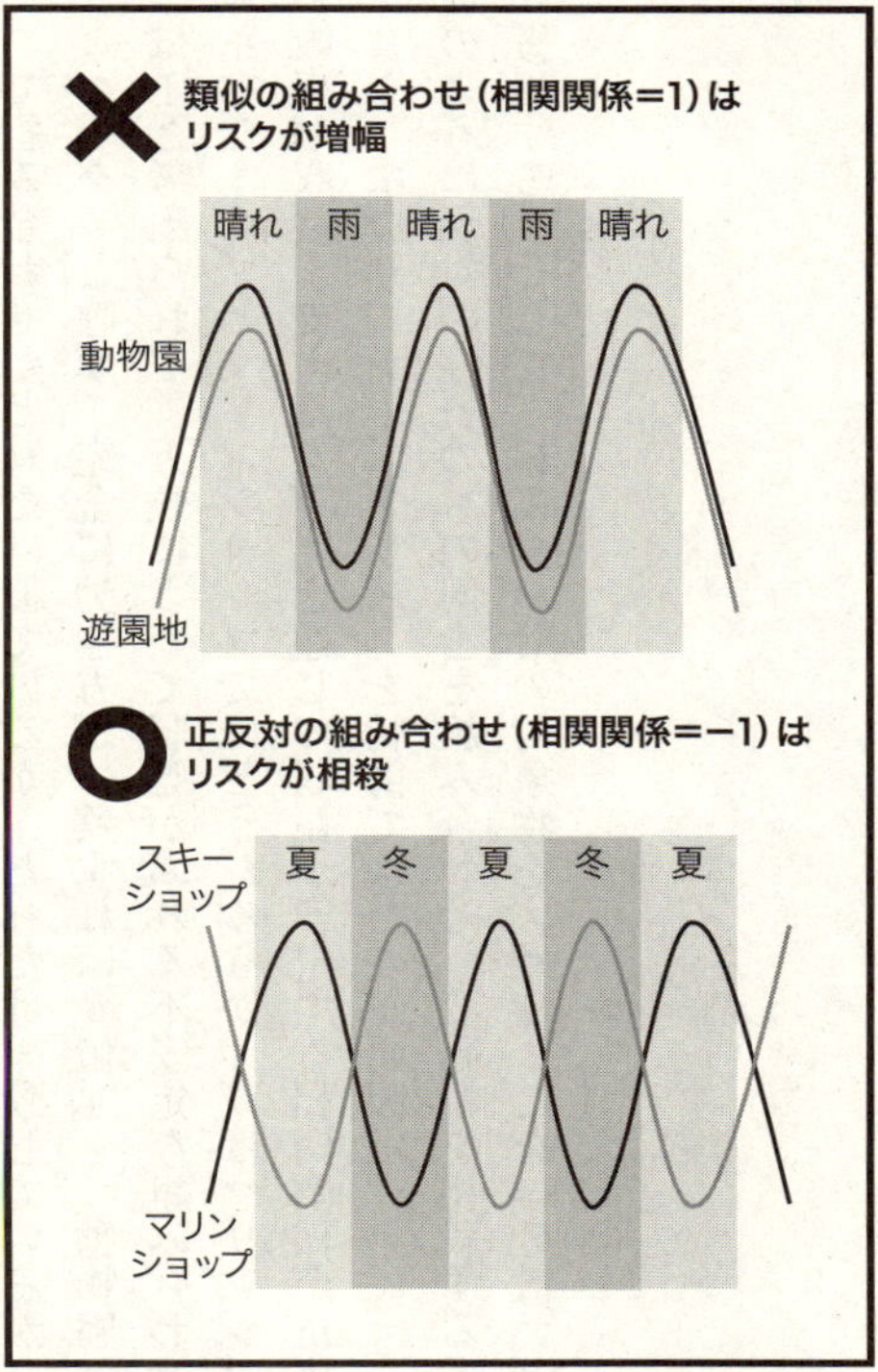

ここで組み合わせがどれだけ似ているか、どれだけ一致しているかを表す相関関係をβ（ベータ）と呼ぶ。完全に動き方が一致すればβ値＝1。動物園と遊園地のβ値はほぼ1と考えられる。天候によって収益がぶれる不安定な組み合わせと言える。

スキーショップとマリンショップではどうだろうか。夏はマリンショップ、冬はスキー販売が収益を支える。年間を通じて収益が安定する相関関係が正反対（β値＝マイナス1）になり、シーズンリスクを制御できたのが要因だ。

このように反対の性質のもの同士を組み合わせ、変動幅を相殺する考え方を資産運用に援用する。そして、組み合わせの対象物を広げることを「分散」と言う。

CASE 02

分散投資でうっかり忘れてしまうこと

POINT

退職金をもらっていざ投資家デビュー。ここでの「分散投資」が、「分散投機」になる落とし穴がある。銘柄の分散はもちろん、時間の分散も忘れてはいけない。

陥りやすさ ■■■■□

タ イ プ 初〜上級者

運用スパン 中期〜長期

✕ あなたはこうして失敗する

２０１４年4月、あなたは35年勤務した会社をめでたく退職し、一時金として３０００万円を得た。ご苦労さまでございました！ これから第二の人生スタートだ。おっと、その前に、３０００万円というひときわ重い資金が手元にある。まとまった資金がようやく手に入り、今日から投資家1年生。３０００万円を分散投資しよう。そこで、日本株に30％、国内債に30％、外債型投信に20％、外国株型投信に20％と振り分けることを決め、善は急げと4月末までに各市場で３０００万円分の銘柄を買った。しかし、その年の秋、08年のリーマンショックを彷彿《ほうふつ》させる金融危機が世界を駆けめぐって株は暴落。信用不安から低格付け債が売られて、債券型投信も元本を割った。3000万円が2000万円に目減りしてしまった。

「分散投資は完璧に実行した！　なんの効果も出ないのはなぜだ」。あなたの慟哭《どうこく》が聞こえてくる。

○これだけは知っておこう

●銘柄分散の限界、システマティック・リスク

分散投資とは変動要因＝リスクの分散が狙いだ。分散すればするほどリスクを低減できる。だが、リスク低減効果には、実は限界がある。

事例の解説の前に、分散投資の手法を体系的に見てみよう。「卵を一つのカゴに盛るな」という格言どおり、出発点は株式でも投信でも銘柄の分散だ。

堅実な知人がいて、日本航空株と東京電力株を保有していた。「絶対つぶれそうにない」「高配当利回り」というのが選択の理由だが、両社とも経営危機に直面し、知人は100万円以上の損失を出した。気に入った銘柄にほれ込んで財産の半分を投入

する、といったことは絶対に慎まなければならない。

銘柄分散をする際は、最初の項で説明したように、ただ複数買えばいいというわけではない。輸出関連と内需関連というように、反対の性質（β値＝マイナス）を持つ銘柄を組み合わせて買っていく。

分散数が増えるにつれてリスクは低下する（図A）が、やがて一定水準以下に下がらなくなる。これをシステマティック・リスクと呼ぶ。例えば、株式市場からすべてのマネーが引きあげられるというような事態になると、分散効果ははたらかなくなるのだ。

11～12年にかけて「欧州債務危機でリスクオフが鮮明になり、世界同時株安が進行」する現象が起こった。リスクオフとは価格変動

図A　システマティック・リスクの考え方

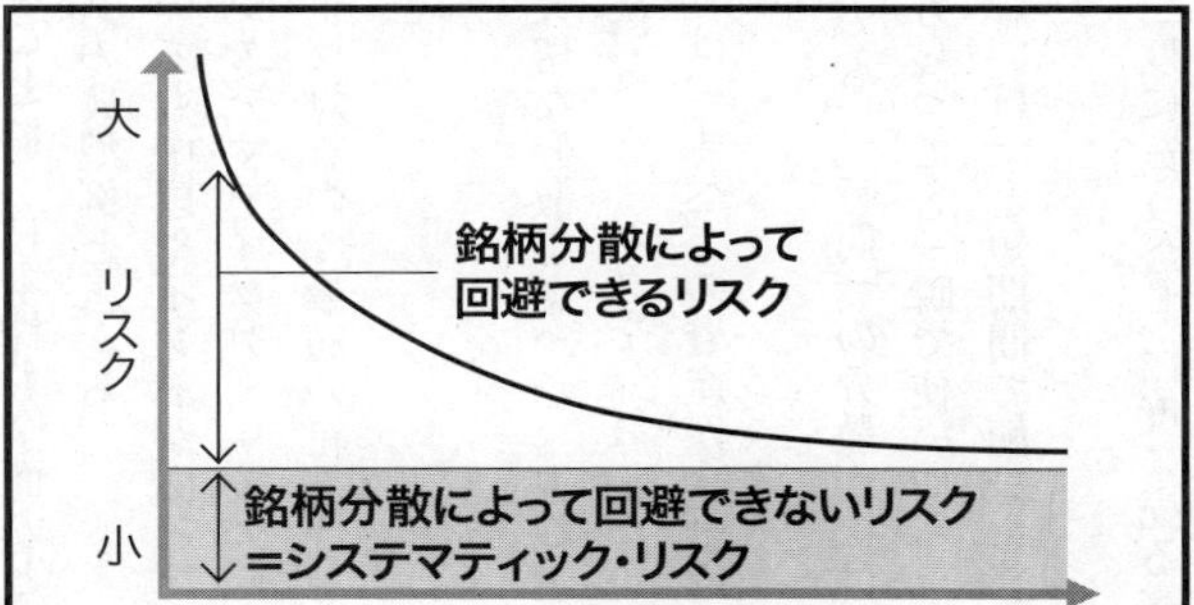

の大きい金融商品からいっせいに資金を退避させることで、日本株も全面安となる。分散効果ははたらかない。システマティック・リスクの典型例と言える。

だが、株式がダメでも債券がある。米国がぐらついても中国やインドがある。商品分散と地域・通貨分散も抜かりなく実践することでシステマティック・リスクを補わなければならない。特に、株式と債券は相関関係が正反対なので最適の組み合わせだ。

●盲点になりやすい「時間の分散」

先の事例ではそうした点も実践したが、一つだけ大切な分散を怠った。退職金をスポットで一度に投入したことだ。言い換えれば、投資タイミングを分散しなかった。3000万円を数年かけて5、6回に分けて投入すれば、すべての資産が金融危機に直面するリスクを回避できた。

分散投資の意味と実践方法を知っているという人でも、「時間」の分散が抜け落ちている人が多い。盲点なのだ。50万円のボーナスをもらっても一瞬で使い切ろうと考える人はいないのに、資産運用になるとなぜか「それいけ」と短期間で配分を終えようとする。

投資の格言は「売り買いを一度にするは無分別。二度に買うべし、二度に売るべし」

と教える。相場は動いているから、誰でも売買タイミングの判断を間違う。だから意識して複数回に分けて資金を投入、換金しなさいという意味だ。

そんな器用なことはできない、という人には積立型の金融商品もある。

債券は1年以内の短期債、表面利率が高めの10年債、30年債というように期間分散に取り組むことだ。金利変動リスクに有効だ。金融機関の破綻に備えて、銀行口座や証券口座を複数持っておくのも好ましい。

CASE
03

「死」という盲点

POINT

資産運用の最大の盲点はあなたの年齢だ。運用の想定期間を30年でシミュレーションしても、墓場に投信を持っていくことになりはしないか。

陥りやすさ ■■■■□

タイプ 初級者

運用スパン 長期

✕ あなたはこうして失敗する

某ノウハウ本がこう戒めていた。「毎月分配型投信は複利効果が著しく損なわれます。30年、40年でこんなに利回りに差がつきます。絶対買ってはいけません」。退職金を3000万円もらったあなた。30年後のシミュレーションをもとに良さそうなファンドを購入した。ところが15年後に病にかかり、あなたは不幸にして亡くなった。あの世であなたはじっと考えた。「しまった。俺って60歳だった。90歳や100歳まで生きる前提で複利計算しても意味がない。分配金をもらって交際費に使っていた方が有意義だった」。

だが、後の祭り。天国に投信を持っていくことはできない。使い道もない。生前の投信はご家族がさっさと解約してお孫さんの教育資金に充当してくれた。あの世であなたはもう一度反省。「うーん、複利複利って言うけど死んじまったら意味ないな」。

○これだけは知っておこう

●若いからリスク資産を、というのは間違い

不謹慎な設例をご容赦願いたい。この項で述べたいのは、リスクをどの程度抑えるか、リスクをどの程度受け入れるかはすべて自分の人生のあり方、考え方で変わってくるということだ。類書では「若い間はリスクを取れ」「年齢を重ねるごとに許容リスクを少なく」と教えているケースが大半だが、それも間違いである。

抽象論ではわかりにくいので図Aを見ながら説明しよう。

30代から40代は若い。働き盛りである。肉体も精神も脂が乗り切っているので、少々の失敗は取り戻せる。だから一見、リスクを取りやすいように見える。

しかし、子どもがいれば教育コストがかさむし、住宅・自動車購入など人生の出費イベントがどんどん増える年代でもある。そういう方は、許容リスクを逆に圧縮していかなければならない。

万一資産が目減りすると、自動車など高額の耐久財の購入計画が狂うなどイベントに支障が出かねない。3年、5年など預入期間の長い定期預金などは避け、流動性の高い普通預金や3カ月定期ぐらいに資金を寝かせよう。

50代、60代は収入が増えるが、人によって台所事情がまったく異なる年代である。子どもへの教育投資など出費が増える一方、住宅ローン返済完了などで収支が改善する人も出てくる。余裕資金が増えたら、リス

図A　年代別リスクの取り方の例

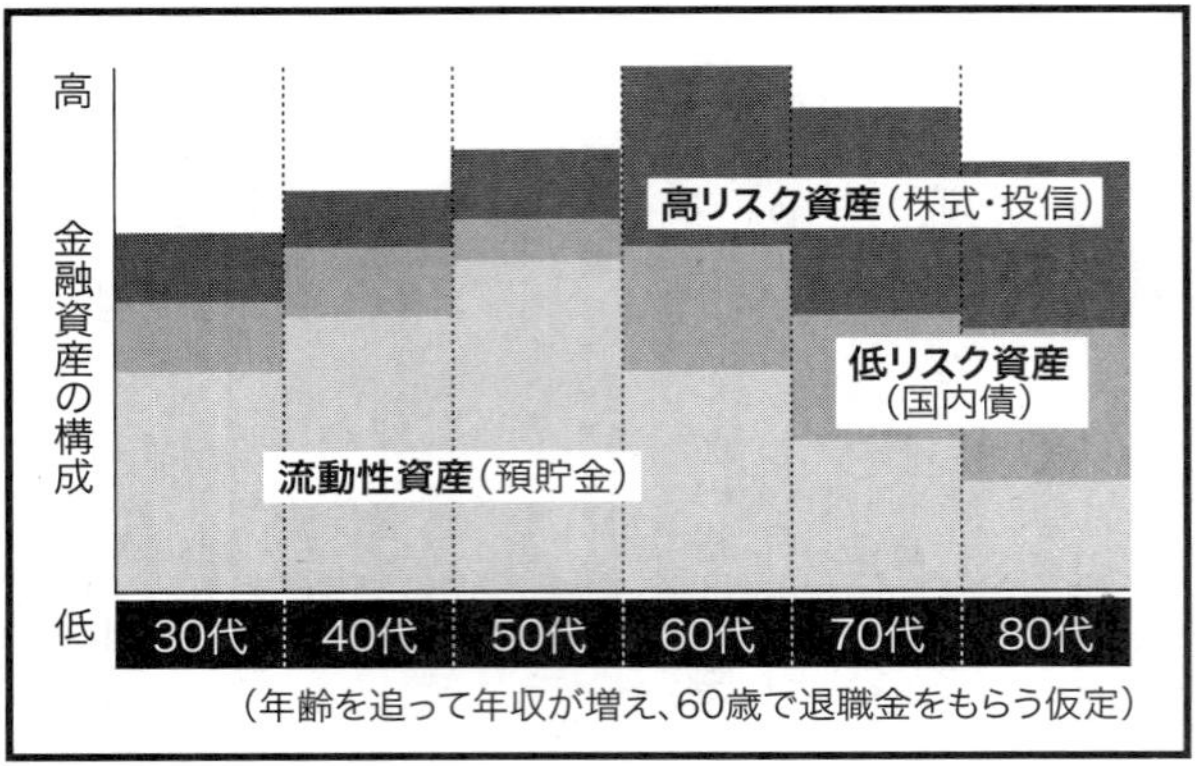

ク資産への投資を積極的に始める最高のタイミングと言える。

ちなみに、筆者の祖母は62歳で逝《い》った。年金をもらうのを楽しみにしていたが、悲しいことにほとんどもらえなかった。そこで、叔母は老齢基礎年金を繰り上げ請求、つまり前倒しでもらっている。繰り上げ請求すると減額されるが、取りっぱぐれは避けたいという。この考え方は正しい。

70代からは、資産を増やす資産形成期ではなく、元本を取り崩したり、インカムゲインを活用したりする資産活用期に入る。この局面では、長期保有や複利効果を狙うのではなく、配当利回りの高い株式や分配金の確実な投信を多めに保有するのが理想だ。

病気になったらカネは医療費以外に使えない。自分が人生を謳歌《おうか》できる間に、手元に資金が入ってくるポートフォリオ構成を考えよう。

CASE
04

長期保有で長期「放置」する愚

POINT

長期保有と長期放置を取り違えてはいけない。不作為と怠慢は長期運用の大敵だ。積極売買でポートフォリオをメンテナンスせよ。

陥りやすさ ■■■■■

タイプ 初〜中級者

運用スパン 中期〜長期

✕ あなたはこうして失敗する

「資産形成の基本は長期運用。株式も投信も、一度買ったらひたすらじっくり保有すべきだ」。長期投資こそが王道という教えを、もしこんな風に理解して愚直に守っているとすれば、それは資産形成でもないし長期運用でもない。運用放棄であり、単に資産を保有しているだけの怠慢である。

初心者だけでなく、株式投資の経験を積んでいる人でも勘違いしやすい。保有資産を何もせず放ったらかしにしておくと、何かの魔法にでもかかったかのように資産が勝手に増えていくと思い込んでいる人が少なくない。確かに、一時的に資産が増えることはあるが、そのままでは再び資産が減り、元に戻ってしまうこともある。

金融資産の運用は、マイカーの寿命のようなものだと考えてほしい。マイカーの寿命を延ばすには何をすればいいだろうか。

メンテナンスである。具体的に言えば定期点検だ。摩耗すれば新品を補充し、古くなれば新しいものと取り換える。こまめに整備することが自動車の寿命を延ばす。資産運用もまったく同じで、定期的な保有資産のチェックが欠かせない。問題があれば積極的に売買し、新旧銘柄交換や資産額の過不足を調整する。それを継続することこそが、長期運用による資産形成の正しい姿なのだ。

○これだけは知っておこう

●リバランス＝メンテナンス

図Aでは、リスク分散を理解しやすいように極端な数値をあげている。最初に株式と債券に40万円ずつ、半々の構成比でポートフォリオを作ると仮定する。株式と債券は正反対に動く逆相関関係（β値＝マイナス1）とし、計算しやすいように株式は債券の3倍のハイリスク・ハイリターン（変動率が3倍）とする。

一定期間後、株式が値上がりして40万円が70万円へと75％増えた。債券はその変動率の3分の1しか下がらないので、40万円から25％目減りして30万円になったとする。するると、構成比は当初1：1だったのが7：3へと大きく株式偏重型に変わった。

もしここであなたが何もせず放置しておけば、やがて株式には割高修正が、債券には割安修正がはたらいて元に戻る。それだけである。

しかし、ここでポートフォリオをメンテナンスするとする。あなたが決めた構成比は1：1だったはず。であれば、株式が40万円から70万円に、債券が40万円から30万円になり、総資産が100万円になったわけだから50万円：50万円に調整しなければならない。株式を20万円売って、その分債券を買い増しすればよい。このメンテナンスのことをリバランス（残高調整）と言う。

やがて株価の割高修正が起こり、70万円は40万円へ押し戻されるとする。あなたは株式資産を50万円に減らしているので、修正後の資産額は29万円だ。一方、債券は30万円が40万円に上がるので、あなたの債券の資産は50万円が67万円になる。合計額は96万円。割高・割安修正後でも、資産が2割も増えているではないか。つまり、20％のリターンを生み出したことになる。これがリバランスの効果である。

図A　リバランスが資産を増やすメカニズム

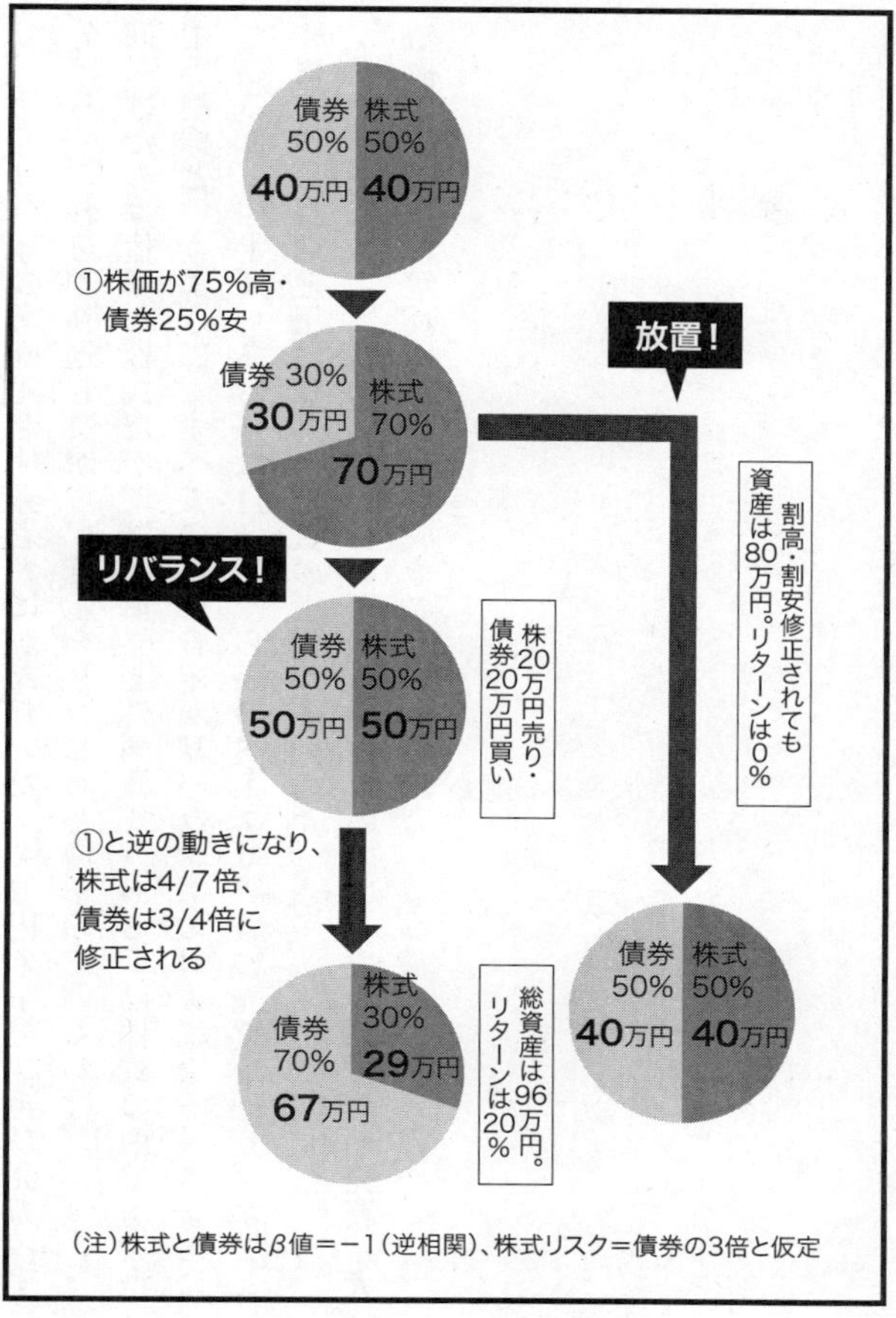

(注)株式と債券はβ値＝−1(逆相関)、株式リスク＝債券の3倍と仮定

さて、今度は全体の構成比が債券過大にかたむいた。96万円の半分、再び48万円ずつに分ける。これを繰り返しながら、資産をじわじわと増やしていくわけだ。

今回あげたのは債券と株式だが、外国債券と外国株式、あるいは株式の中でも大型株と中小型株というように、すべての運用資産がリバランスの対象になる。こまめにやっていると、四半期、あるいは月一度くらいのペースで頻繁に売買を繰り返すことが必要になる。長期運用は意外に売買の機会が多いのだ。

「バイ&ホールド（買って保有）」を額面通り受け止めてはいけない。短期売買、大いに結構。その連続が長期の資産形成そのものなのだ。

1章 「300倍返し」の錬金術

株式相場の山と谷はほぼ5〜6年前後の周期で訪れている。市場関係者が長期投資の目安と考えるのが5年。NISA（少額投資非課税制度）もなぜか非課税期間は最長5年となった。5年は山と谷のサイクルを見誤り、大きな損失の可能性をはらむ時間軸と言える。

本章は、なぜ足元の熱狂に流されてはいけないのか、10倍返し、100倍返しの資産形成に挑むなら、何が運用に求められるのかを最新事例をもとに解き明かす。

CASE 05

いつか来た道、でも懲りないあなた

POINT

歴史は繰り返す。相場が上がってもうけが出ているときこそ、まだ上り坂を歩んでいるのか、頂に近づいているのか考えよ。

陥りやすさ ■■■■□
タイプ 初〜中級者
運用スパン 短期

✕ あなたはこうして失敗する

「アベノミクスで最高値銘柄急増」「NISA専用商品の販売相次ぐ」——新聞にこんな見出しが躍るなか、証券会社の広告が目にとまった。新しい投信の案内のようだ。日本の経済・市場環境は劇的に変わった。「強気相場は始まったばかり」と専門家も背中を押す。類似投信の運用成績も好調。よし決めた！ 預貯金に寝かしておくよりまし、とあなたは久々に投資を再開し、日本株投信を50万円分だけ買った。基準価格はさらに値上がりし、50万円だったのが55万円、60万円と順調に上がっていく。

「しめしめ」。気を良くしたあなたはさらに50万円分を追加購入。NISAの枠を使い切った。ところがその後、増税の影響やアジア経済の変調などから日本の景気は再び不透明感が強まり、株式相場は下げに転じた。半年後には最初に買った投信の含み益が半分に減り、追加購入分は元本を割り込んだ。1年後には完全に含み損を抱えてしまった。

そういえば、前にもこんなことがあった気がする。2000年に「米国NASDAQ市場」に上場する銘柄に投資する投信を買ったっけ。確かインターネットの登場などIT（情報技術）の革命で世界が変わるというので、迷わず50万円ほどつぎこんだ。あれから、13年以上たったが……思い出して基準価格を調べたら8000円台。まだ塩漬けだ。

これだけは知っておこう

●右肩上がりの相場の持続力は1～2年

日経平均株価がこれから未来永劫ずっと上がり続ける可能性はゼロではない。しかし、この25年間の歴史をふりかえる限り、それはないだろう。むしろ逆だ。05年の小泉純一郎政権時代の上げ相場は「郵政相場」と言われた。一部の大手鉄鋼株の売買高が15分で1億株に達し、2円、3円程度しか動かない株価が短時間で10円前後もはね上がった。長く相場を見ている関係者は「鉄の舞い」と形容した。鉄が舞い、木の葉が沈む――。株式市場は時として常識を破る現象が起こるという意味だ。その年の上昇率もほぼ半世紀ぶりの水準だった。だが、この上げ相場は07年に終止符が打たれる。

99年のITバブルでは、ネット・通信株や電線株はもちろん、証券株までもが何倍にも値上がりした。ソニー株は3万円（株式分割前）を突破し、当時の出井伸之社長をして「リアル（実業）の部分だけでは評価できない。市場に背中を押されている」

図A　日経平均の25年間の歴史は山と谷が必ずあることを教えている

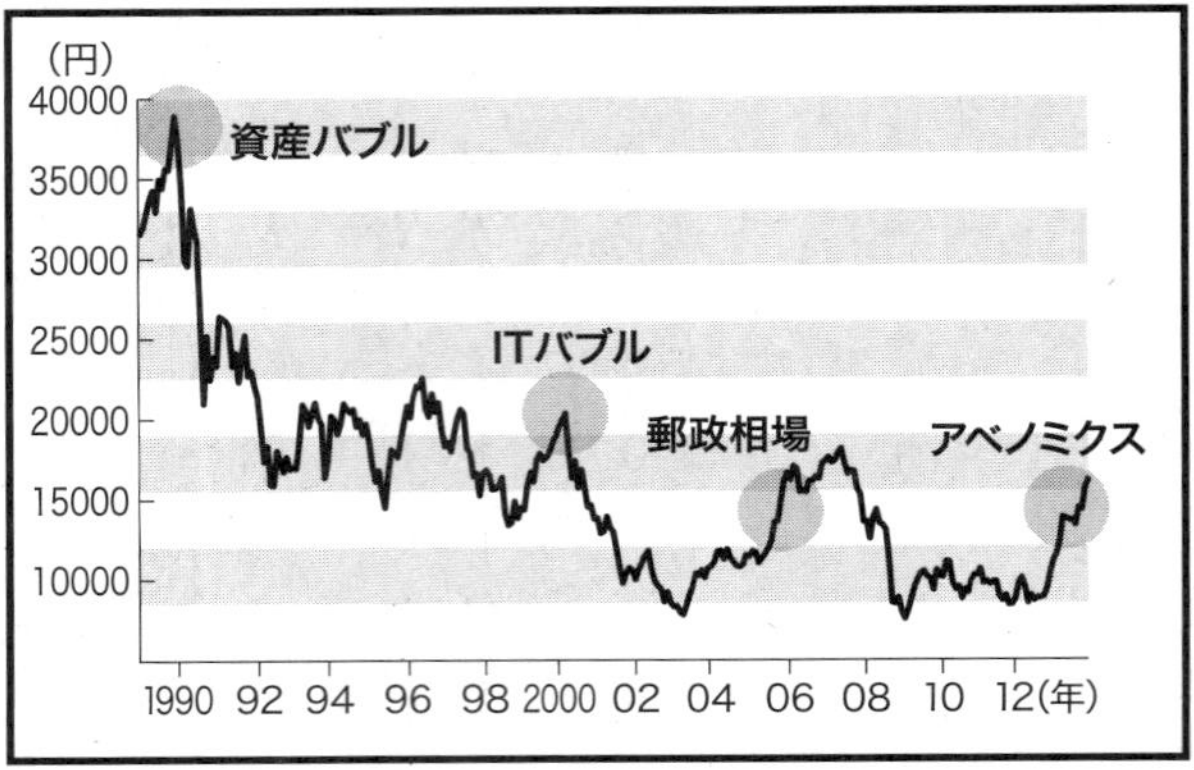

と言わしめたほどだ。ソフトバンクの時価総額は20兆円近くに膨らんだ。だが、このときも株価は00年に天井を打った。寿命はいずれも1年半～2年半だった。

13年の追加型株式投信の新規設定本数は、データでさかのぼれる1989年以降で最多になったという。アベノミクスやNISAで記録づくめの活況だった株式相場を映している。相場が今後どう動くかは別にして、図Aのように、過去の相場はそのモメンタムが長期間続かないことを示していることを念頭に置かなければならない。

格言を一つ紹介しよう。大相場は悲観の中で生まれ、懐疑の中で育ち、楽観とともに成熟し、幸福感とともに消えていく。言い得て妙。過去の半世紀の株式相場はほぼこの格言どおりに動いている。心にとめておいて損はないだろう。

CASE 06

NISA、「ヒカゼイ」に目がくらむお人好し

POINT

NISA（ニーサ、少額投資非課税制度）はリスク投資を優遇する制度だが、金融機関にメリットをもたらす新ビジネスでもある。口車に乗せられないようにしよう。

陥りやすさ	■■■□□
タイプ	初級者
運用スパン	長期

✕ あなたはこうして失敗する

2013年の流行語大賞の候補にさえあがったNISA。経済誌や金融関連の雑誌でこの4文字のアルファベットを見ない日はない。なにしろ20%の税金がタダになるNISA。ただ、利用には100万円までという限度がついている。当然だろう。ヒカゼイなのだから。できるだけ早く、上限いっぱい利用しないと損だ。たくさん口座を持とうと奥さんも説き伏せて口座を開設させた。

証券会社をたずねるとTさんが対応してくれた。「株式は配当にも値上がり益にも

課税されません。投信では信託報酬（後述）ができるだけ低い投信がおすすめです」。

投資家の立場で考えてくれる親切な営業マンだ。しかも、株式売買手数料をキャンペーンで無料にしてくれる。ますます気に入った。

まず、好業績の自動車株をすぐに100万円分買った。値上がり期待が大きいからだ。奥さんは運用コストが1％とお得感のある日本株投信を枠いっぱいの100万円分買った。さあ、これでどんなに利益が出ても税金はかからない。まるもうけだ。

ところが、思いもかけず景気に減速感が台頭して半年ほどで株価は下落し、含み損が出てしまった。NISA開始前から持っている銘柄に一部含み益が出ている。それを売れば含み益と含み損でトントンというところか――。だが、Tさんと話して、青ざめた。

「NISA以外の口座にある商品との損益の相殺（損益通算）はできません」。Tさんは落ち着いた口調で「まあ気長にやりましょう。来年はまた100万円の枠ができますから」。そして1年後、また株と投信を購入した。

これだけは知っておこう

●損益通算できないデメリットも念頭に

ＮＩＳＡは画期的な制度だが、二つの落とし穴がある。値上がり益期待の大きい株式に資金を投じそうになることだ。同じ非課税なら少額の配当より値上がり益の方がお得感があるためだ。ところが、値上がり益が大きそうな銘柄はたいてい好業績の企業に限られる。日本経済が盛り上がっているときは、高額商品はもちろん、自動車や住宅、レジャーなど消費財を中心に景気敏感業種の業績回復が目立つ。

ところが、業績変化率の大きい銘柄は下げもきつい特徴がある。もし含み損が出ると、他のリスク商品との損益通算ができないというＮＩＳＡのデメリットの方がクローズアップされてくる。一方、特定口座などでは、損失が出た場合は翌年に繰り越せるなどの優遇措置が設けられている。「ヒカゼイ」に目がくらむ→欲が出る→景気敏感株を買う→損失発生→塩漬け、というみじめなシナリオはなんとしても避けたい。

●ＮＩＳＡは「携帯端末ゼロ円」ビジネス

金融機関の甘言にそそのかされないようにしたい。個人投資家のために親身になってサービスを提供しているかのようにふるまう営業担当者が多いが、それはそれなりの見返りがあるからだ。彼らにとってこれほどおいしいビジネスはない。

金融機関にとっての魅力は二つある。一つは顧客の属性。初心者が多いから、まったく新しいリスクマネーを取り込める。第二に3年から5年程度の長期保有が期待できること。一度売却すると枠が減らされるNISA固有の利用条件があるので、投資家は回転売買ではなくずっと保有し続けてくれる公算が大きい。つまり、顧客=投資マネーを長くつなぎとめておける。投信の手数料が安定して入ってくるので、多少運用コストを値引きしても元が取れる可能性がある。ちょうど一昔前の「携帯端末ゼロ円」と同じカラクリだ。2年間解約しない、という条件で端末をタダ同然で売る。長く契約してくれれば、通信料でもうけを出す仕組みだ。

ウソだと思うなら計算してみよう。仮に1年間で

図A　NISAの3大トラップ

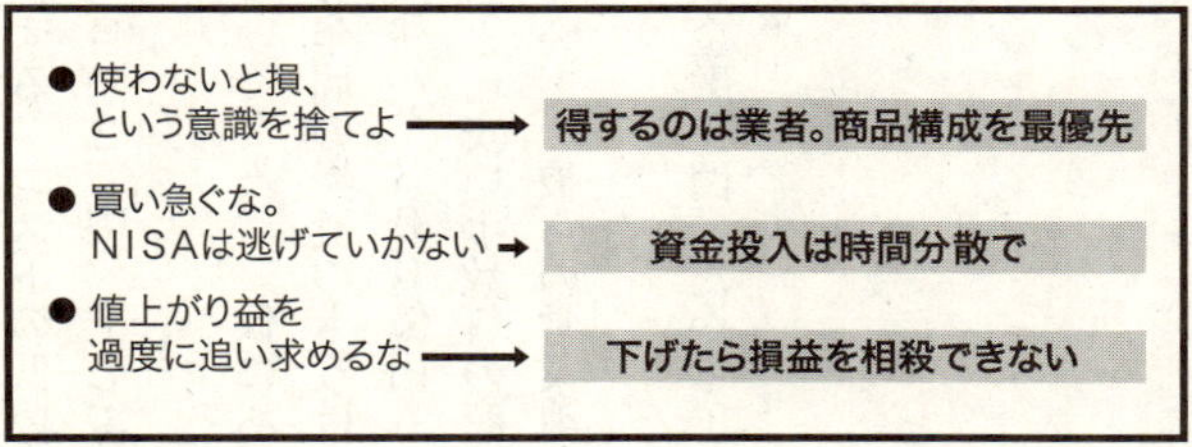
● 使わないと損、
という意識を捨てよ
得するのは業者。商品構成を最優先
● 買い急ぐな。
NISAは逃げていかない
資金投入は時間分散で
● 値上がり益を
過度に追い求めるな
下げたら損益を相殺できない

100万円の枠をフルに利用して5年連続で投信を買い増したとする。コストの低い1％の投信にしても、信託報酬（後述）は1年目が1万円、2年目が2万円、そして5年間では合計15万円にもなる。

NISA口座はいずれ市場全体で500万、600万と増えていくだろう。仮にある金融機関が20万口座を持ち投信を買ってもらったとすれば、5年間の累計のもうけがいくらになるかおわかりか？　15万円×20万＝300億円。なんと300億円も入ってくるのだ。何としても口座を作ってもらわないといけない！　安い手数料の商品でもいいから何としてでも投信を買ってもらわなければいけない！　彼らの営業魂に火がつき燃え上がるのである。

NISAに目がくらむあなたと、本気でNISAを活用したい金融機関。だからTさんは笑顔でこう言う。「気長に末長くおつきあいいただきたい」。

CASE 07

投信は「プロ」が運用すると妄信するな

POINT

NISA向けの投信を探していると日経平均株価を上回る運用成績の商品がごろごろ。さすがはプロ、と思ったら大間違い。5年後に馬脚をあらわす。

陥りやすさ
タイプ　初～中級者
運用スパン　短期～長期

✕ あなたはこうして失敗する

ＮＩＳＡが始まり、投資の初心者であるあなたも金融商品に資金を投じることにした。基本は投信だろう。驚いたのはその成績だ。２０１３年は日経平均株価が5割以上上がったのだが、証券会社や銀行からもらった説明書などによると、ほとんどの株式投信は基準価格が6割、７割とさらに上がっている。さすがは運用のプロだ。ファンドマネジャーと呼ばれる人たちのすごさ、腕前の確かさを目の当たりにした。

友人や知人はみな自分で株式投資をすると言って、セミナーに参加している。だが、勉強は面倒だ。下手に自分で投資判断するよりもプロにまかせた方が安心だ。何より、運用成績が日本株全体の動きを上回っているのが証拠だ。そこで、2種類の株式投信をNISAの枠内で50万円分ずつ、基準価格1万円で購入した。

3年後、日経平均は2割上がったが、1本目のファンドの基準価格は1万2500円、もう一つは1万1500円にとどまった。さらに月日がたち5年後。日経平均は4割上がっていたが、1本目のファンドは基準価格が1万3500円、もう1本は1万2500円。含み益が出てはいるが、これではほめられた成績じゃない。投信の選び方が悪かったのだろうか。調べてみたら、ほとんどの投信が日経平均の上昇率を下回っていた。

○これだけは知っておこう

●投信は長く持つほど成績が悪くなる

にわかには信じられないだろうが、投信は長期保有に不向きだということを示すデータがある。図Aは株式投信を1年間保有した場合、どれほどの運用成績を残したかを日経電子版「投信発掘ツール」を使ってスクリーニングした結果だ。日経平均株価はアベノミクスを背景に歴史的な上げを演じ、株式投信もすばらしいパフォーマンスを残した。およそ600本のうち9割近いファンドが日経平均をしのいだのだ。

……と、ここまではいいが、時間がたつと景色が変わってくる。過去3年間ではどうだったかというと、日経平均を上回った株式投信は一気に半分弱に減ってしまう。さらにこの5年間で見た場合、相場全体の成績に勝ったのは35%にまで減る。実はこの現象、いつの時代でも同じような結果が出る。

理由は後述するが、少なくともプロが運用する商品と考えるのはやめた方が良い。本物の運用力があれば、時間がたつほど成績が相対的に良くなるということぐらいはわかるだろう。投信業界にはもちろん運用のプロと思える人がいるが、プロよりもプロを装う人たちの方が多いというのが実態である。

図A　時間がたつほど成績が悪化。株式投信は長期に不向き？

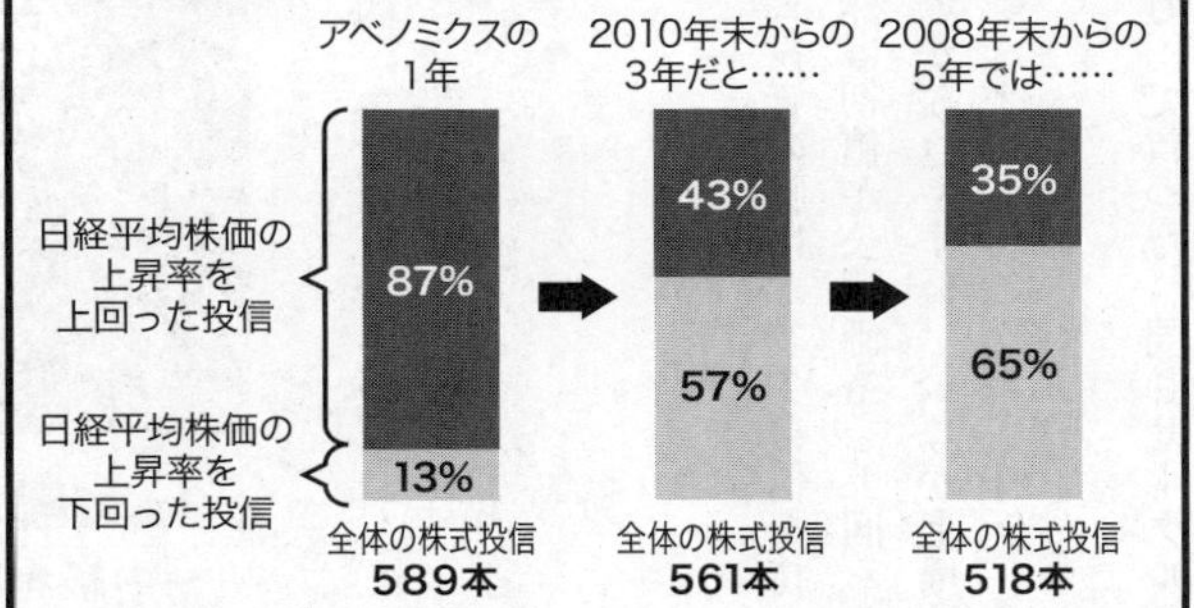

(注)2013年末時点、日経電子版「投信発掘ツール」での集計。「国内株式型」を抜粋

CASE 08

「半沢直樹」ならなぜ資産を300倍に増やせるのか

POINT

資産が数十倍、何百倍にもなるお宝銘柄は実在する。半沢直樹の融資姿勢のように超長期で向き合う姿勢が必要だ。

陥りやすさ ■■■■■

タ イ プ　初〜中級者

運用スパン　長期

✕ あなたはこうして失敗する

学生時代に投資サークルに入っていたあなた。株式投資の腕には多少自信を持っている。得意とするのが新規公開株（ＩＰＯ）。ＩＰＯ株は初値が公開価格を上回るケースが多いし、成長期待からしばらく右肩上がりの相場が続きやすい。公募か上場時に買って、タイミングを見計らって売り抜ける。うまくいけば簡単に数十万円を手にすることができる。

１９９７年、ヤフーが上場し、あなたは初値２００万円で買った。同じサークルだった友人K氏もヤフーを200万円で買ったという。株価が2カ月後には400万円台まで上昇したので売却。200万円をもうけた。その後ITバブルが到来、株価は何十倍にも上がり「手放すのが早すぎた」と舌打ちしたが、バブル終焉で暴落すると「手を出さずによかった」と納得。K氏はまだ持っているというのでこう言ってやった。「もうけをさっさと確定しないと株式投資の醍醐味を味わえないよ」。

あれから10数年。損失も出たがIPO株の短期売買で通算2000万円以上稼いだだろうか。旅行にも行けたし、自動車も買った。かなり運用がうまくいった方だろう。K氏にたずねたら驚いた。まだヤフーを持ち続けているという。そして、もう一度仰天した。資産が5億円になったという。冗談はよせ。

しかし、ウソではなかった。ヤフーはお宝に化けたのだ。そしてK氏に言われた。「株式投資の醍醐味だよ」。

○これだけは知っておこう

●短期は損期。「お宝発掘」にはNISAなど無関係

大ヒットドラマ「半沢直樹」（TBSテレビ）8話で半沢次長の融資姿勢が評価さ

れるシーンがある。融資先は開拓しているが、収益化に時間がかかりすぎだと。だが、企業と10年、20年単位で長くつきあう姿勢こそ与信と言える。もちろん融資と異なりリスク資産への投資には担保がないけれど、大きな付加価値を手にするには10年、20年先までつきあうつもりでマネーを投じることが大事になる。短期は損期なのである。

ＩＰＯは玉石混交。眼力が大事だが、それよりもヤフーのケースは投資の時間軸の大切さをいやと言うほど教えて

図A　ヤフー株の200万円はこうして4億8000万円に増えた

1997年11月	200万円（初値）	スタート＝1株
1999年 5月	1：2に株式分割	2株
11月	1：2に株式分割	4株
2000年 5月	1：2に株式分割	8株
11月	1：2に株式分割	16株
2002年 5月	1：2に株式分割	32株
11月	1：2に株式分割	64株
2003年 5月	1：2に株式分割	128株
11月	1：2に株式分割	256株
2004年 5月	1：2に株式分割	512株
11月	1：2に株式分割	1024株
2005年 5月	1：2に株式分割	2048株
11月	1：2に株式分割	4096株
2006年 4月	1：2に株式分割	8192株
2013年10月	1：100に株式分割	819200株
12月	585円（終値）	

そのまま保有した場合の単純価値585円×81万9200株＝約4億7920万円
企業価値は……　4億7920万円÷200万円＝240倍

（注）開示資料を加工、株主割当増資などを除き単純株式分割のみ。配当は含まず

くれる。ヤフーはITバブル後に乱高下を繰り返したが、合計14回の株式分割を実施し、上場時に1株持っていれば単純計算で81万9200株に増えたことになる。もちろん、1株利益の希薄化が進んで株価も下がる。2013年末の株価は585円。だが、585円でも82万株を持っていると資産価値は約4億8000万円。

この計算には配当を含んでいないし、株主割当増資なども除外している。配当を含めた複利なら、ゆうに5億円を超える価値を手にすることになる。NISAの優遇期間は最長5年。たとえ「お宝」を握っていたとしても、このものさしにとらわれて5年で手放したらどうなるか? 株式投資の醍醐味は「超」長期投資にあり。夢を追える企業には、時間を無視してとことんつきあい、NISAなど無視すべきだ。

こうした逸話は少なくない。戦後すぐ旧松下電器産業株を1株買えば、資産バブル期に資産が1億円を超えていたというエピソードがよく語られた。

「300倍返しなんて宝くじと同じだ」と

図B 日経平均採用銘柄(抜粋)の過去20年の上昇率

	(%)
富士重工業	949
ダイキン工業	883
住友不動産	732
テルモ	544
本田技研工業	466
ファナック	420
武田薬品工業	340
信越化学工業	290
トヨタ自動車	259
キヤノン	221

(注) 2013年12月27日時点、配当含まず

あきらめるなかれ。図Bを見てほしい。過去20年の主力株の値動きだ。３００倍返しは無理でも、10倍返しや5倍返しならさほど苦もなく見つけられる。ＩＰＯ株の選択は相当の目利きが求められるが、主力株は投資情報も豊富で初心者向けだ。長期戦略のしっかりした企業であれば、多少の株価変動に目をつぶれば資産形成に味方してくれる。30代、40代で買ったなら、退職前後にその資産価値のありがたみを実感できるのではないか。

CASE 09

iPhoneを買うのになぜアップル株は買わないのか

POINT

証券会社のインフラも整い、外国株に投資できるようになった。日本株でどれだけ分散投資しても限界がある。人口が増え続ける世界に目を向けよ。

陥りやすさ ■■■□□
タイプ 初〜中級者
運用スパン 短期〜中期

✕ あなたはこうして失敗する

少子高齢化で縮む日本に将来はない――1年前にそうたんかを切っていたあなたは、舌の根の乾かぬうちに「アベノミクス」でよみがえった日本株をせっせと買っている。日銀新総裁による強力な金融緩和で脱デフレ期待も高い。ニッポンの未来に明るさがともったのではないか。株式投資の好機と見たあなた。景気敏感株はもちろん、内需株やディフェンシブ株などにも分散し、ポートフォリオを組んだ。

だが、やっぱり現実が見えてきた。シンクタンクなどの人口推計によると、30年後の人口は1億人を割り、その10年後には9000万人を下回る。人口減だけではない。高齢化で今よりも将来の備え・不安に対する蓄財志向が強まる。いったん景気が伸び悩むと消費が一気に落ち込む。負の弾性値が大きくなるのは必至だ。需要が増えないのにインフレになるはずがない。市場は失望し、日経平均株価はまた大きな調整局面に入った。指数採用銘柄はことごとく下がるので、分散投資の効果がほとんど出なかった。

これだけは知っておこう

● 日本株で負けても世界の株式で勝てる

ドイツ語はわからないがドイツ車には乗る。英語が不得手でもiPhoneを使いこなす。外国製品はいいものならためらわず買うのに、なぜ外国株は買わないのか。日本がデフレでも、世界はインフレの兆しがある。日本株が心もとないなら世界の株式で勝負すればいい。世界の人口は依然増えているし、生活水準の向上で購買力は上がる。

米国には新興国など世界の市場を相手にする企業が多い。アップルやコカ・コーラなど右肩上がりのトレンドが崩れない消費関連株がそこら中に見つかる。象徴的なのは、金融危機の震源地である米国株の方が、日本株より早く危機を乗り越えた点である。人口増・個人消費拡大が経済の早期回復を担保しているわけだ。

投信でも同じことが言える。ケース22で紹介しているが、個人投資家が選んだベスト投信は「バンガード・トータル・ワールド・ストックＥＴＦ」。２０１３年９月時点でおよそ世界の５０００銘柄に分散投資しており、パフォーマンスも好調だ。世界の銘柄に分散投資すれば「縮む日本」なんのそのだ。

図Ａ　日本より米国の方に金融危機を乗り越えた主力企業が目立つ

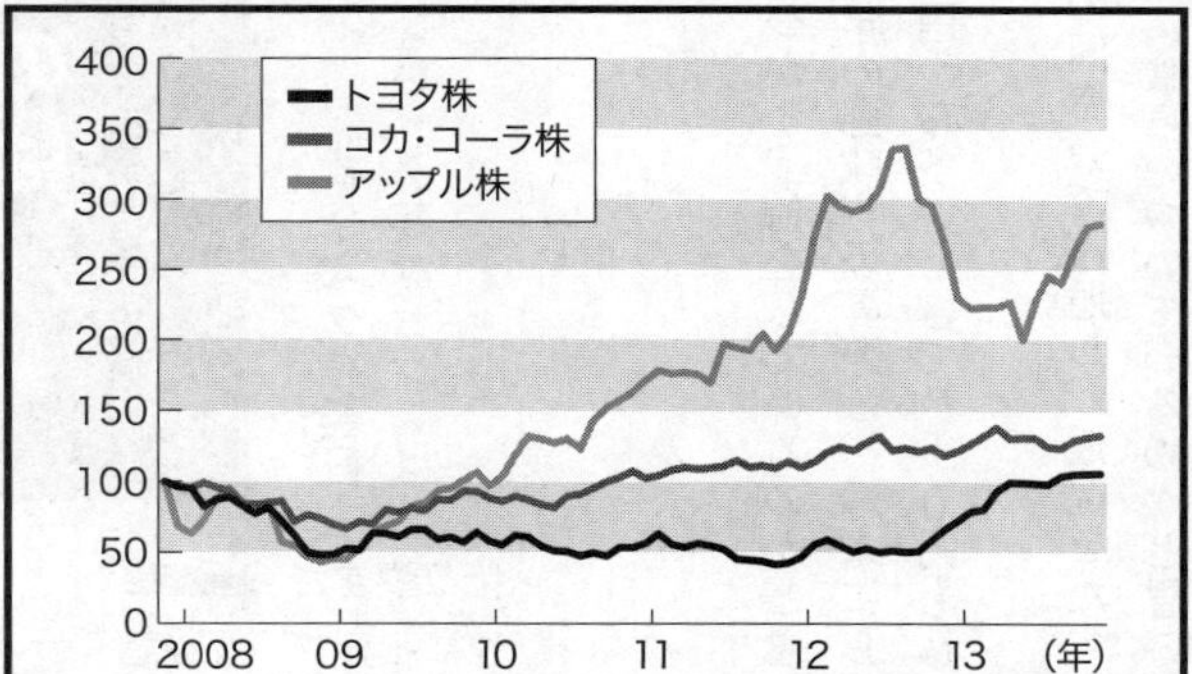

CASE 10

デイトレーダーに必要なのは長期投資のセンス

POINT

1日で何回も売買するデイトレーダー。保有リスクを翌日に持ち越さない点が一般投資家との違い。必要なセンスは中長期で相場を読む力だ。

陥りやすさ ■■■□□
タイプ 初級者
運用スパン 短期

✕ あなたはこうして失敗する

自称デイトレーダーという友人がいた。定職につかず、何をしているのかと思ったら毎日株式を売買しているのだという。2005年の郵政相場の際は、端末にしがみついて中小型株や新興株とにらめっこ。1日数万円から多いときで数十万円も稼いだそうだ。

しばらく音沙汰がなかったが、13年春に高校の同窓会で邂逅《かいこう》し、近況をたずねた。さぞかし「アベノミクス」でよみがえった日本株に食らいついているのかと思いきや、デイトレーダーは廃業したのだという。リーマンショック前あたりからもうけが出にくくなり、その後は毎日損失を出す日の方が増えたというのが理由。「かなり利益が出続けたので、投資家としての才覚があると思っていたが、だんだんうまくいかなくなった」と首をかしげていた。

○これだけは知っておこう

●短期売買で勝つには大局観が必要

デイトレーダーという人たちは、相場が上がると雨後のタケノコのように増殖する。そして、相場が下げ局面に入ると知らぬ間に姿を消す。民主党時代の株価低迷期、あるいはリーマンショックで動揺する局面でデイトレーダーが大もうけして存在感をアピールした、なんて話は聞いたこともない。なぜだろうか。

デイトレーダーの利点は1日に頻繁に売買を繰り返して値幅を積み上げることと、1日で手仕舞うためにリスク要因の影響を受けにくいことだ。

03年から07年にかけては相場が長期上昇トレンドを描いていた。1万円損しても翌日あるいは翌々日は2万円もうかる、というようにトータルではもうかった。売買機会の増加＝収益機会の増加、という図式が続いたのだ。特に信用規制が緩和された13年以降は売買機会が増え、もうけがさらに増加したことだろう。この結果、デイトレーダーはこう勘違いする。「私は株式投資のセンスがある」。

だが、株式相場が下降トレンドに向かうと逆の現象が起こる。1日2万円もうけていたデイトレーダーが、今度は1日2万円の損失を出し始める。3万円もうけて取り戻したと思ったら、翌日は5万円の損を出す。

「おかしい、こんなはずじゃ」。成功体験を信じたいデイトレーダーは売買回数をさらに増やすが、相場全体が下降局面だから売買回数増加＝損

図A　デイ・トレーダーはなぜ「もうかる」という暗示にかかるのか？

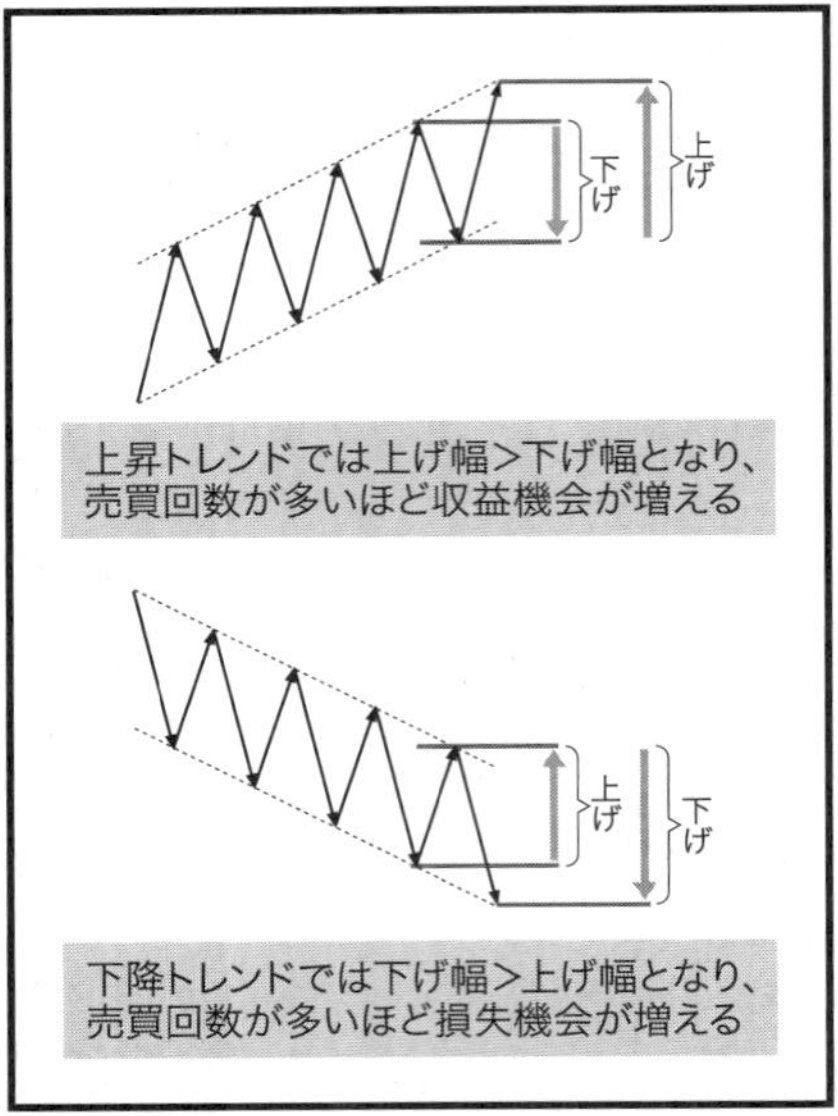

下げ
上げ
上昇トレンドでは上げ幅＞下げ幅となり、売買回数が多いほど収益機会が増える
上げ
下げ
下降トレンドでは下げ幅＞上げ幅となり、売買回数が多いほど損失機会が増える

失発生回数を増やすだけになる。やがて蓄積した利益の大半を吐き出してしまう。教訓。デイトレーダーとして勝ちたいなら、中長期のトレンドを読むセンスが必要ということだ。相場の大局観を見抜く眼力があってはじめて、短期の回転売買も生きる。

むろんデイトレードをすべて否定するわけではない。初心者は株式の実践練習のつもりで少額の余裕資金を投じてみてもよい。注文の執行や材料への反応、前場・後場における微妙な値動きの違い等々生きた取引を学べる。ギャンブルと違って1日で資金がゼロになるわけではないし、何より時間リスクを避けられる利点がある。万一、数%損をしても、株式投資の授業料だと思えばよい。

2章 舞台裏から見た投信の実態

書店に行くと、おどろおどろしいタイトルの投資関連の書籍が山ほど積まれている。投信にはみなワナが仕掛けられ、販売担当者は詐欺師であるかのような書き方をしている本もある。それほど危険な業界なら金融関係者ですら手を出してはいけないのに、「投信を買え」と結論づけている。虎に噛まれないノウハウを教えてあげるから、安心して虎のいるオリに入ってきなさい、と言っているようなものだ。

実際は、そんなに恐い業界ではない。ただし、あなたの金銭欲と知識不足につけいるのがうまい人たちが集まっている。本章では、投信業界の内実や裏事情を学習することで、商品の本質を知り、トラップを回避する知恵を身につけよう。

CASE 11

「おすすめの投信」の正体を見破れ

POINT

おすすめの投信は、売り手がもうかるからおすすめになっている。投信は、実は初心者向けではない。品質を見抜く力が求められる経験者向けの投資商品なのだ。

陥りやすさ ■■■■□
タイプ 初心者
運用スパン 短期〜中期

✕ あなたはこうして失敗する

まとまった資金をこしらえたあなた。近くの銀行に出向き、こうたずねた。「何かおすすめの投信はありますか」。

すると、行員はにっこり微笑んで「今新しく募集しているこのファンドが大変人気です。検討されてはいかがでしょうか」。見せられたのは図Aのパンフレット。中東や北アフリカの湾岸諸国などに投資するファンドらしい。

「中東諸国やアフリカの市場は、先進国やアジアとの相関が低く分散投資に有効です。原油高を背景とした国力増強とともにインフラ整備にともなう経済発展は間違いないと言われています。ドバイをご存じでしょう」。

「なーるほどー。説得力あるなあ」。

あなたはウンウンとうなずいてすっかり納得し、3％の手数料を払って100万円分の投信を購入した。2008年春のことである。

幾歳月がたち、13年秋あなたは送られてきた月次リポートを見ながら唇を噛んでいる。図Bは月次報告書から基準価格と純資産総額を抜粋したグラフである。1万円だった基準価格は約5600円。分配金はもう何年間も出ていない。それでも一時

図A　2008年春に売り出された中東ファンドの資料

図B　基準価格は上がってきたが5年以上たってもまだ半値

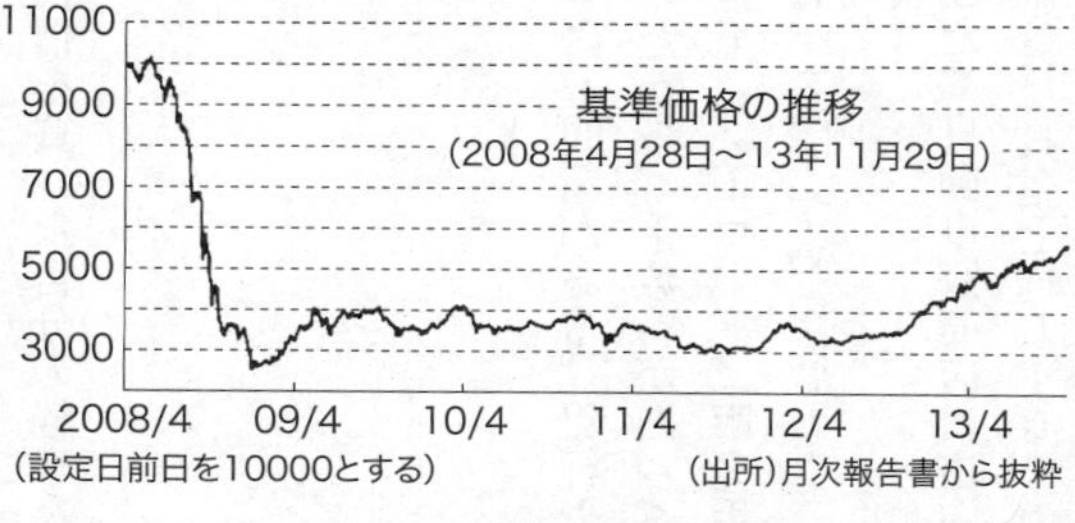

(設定日前日を10000とする)　(出所)月次報告書から抜粋

3000円を割ったことを思えば、ここまで戻ったのは救いだ。

40万円以上の含み損を抱えた塩漬けファンドと、安易に投信を買った自分の軽率な投資行動に対する後悔の念だけが残っている。

○これだけは知っておこう

●売るあほうに買うあほう

踊るあほうに見るあほう。売るあほうに買うあほう。

損失を抱えてしまったあなたにはかわいそうだが、買う方にも問題がある。銀行や証券会社は慈善事業をやっているのではない。ビジネスなのだから、手数料がたっぷり入る投信は当然販売にも力が入る。販売手数料なら3％以上。ノーロード（販売手数料ゼロ）なら運用管理手数料（＝信託報酬）が高めのもの。「おすすめの商品です」とは、売り手にとってのおすすめであることを肝に銘じたい。

「損をさせた売り手を擁護するのか」とカチンと来たあなた。自動車販売店に出向いて、軽乗用車を買うという行動を思い浮かべてほしい。予算は投信と同じ100万円だ。「まんまとだまされてスポーツカーを買わされた。ちくしょう！」と地団駄を踏む人がいるだろうか。

いるわけがない。それどころか、したたかに値引き交渉さえするはずだ。ときにはディーラーが、これ以上の値下げは勘弁してくれと頭を下げることがあるかもしれない。売り手より買い手が優位に立てるのは、あなたが賢い消費者であるからだ。

●なぜ投信は主力商品になったのか

証券会社と銀行は1980年代まで業務をすみ分けていた。証券会社は、株式売買の取り次ぎのように右から左へ商品を流して手数料を稼ぐ「フロー」中心のビジネス、銀行は、預金を集めて利差収入を得る「ストック」のビジネスが主体だった。

ところが、90年以降のバブル崩壊で株式市場が死に体となるなか、証券会社が1000兆円を超える個人金融資産に目をつけた。銀行と同じように、投資家から資金を預かる「ストック」型ビジネスに舵を切ったのだ。このときのカタライザー（触媒）の一つが投信である。一方、不良債権問題と自己資本規制にあえぐ銀行にとっても、投信販売は手数料ビジネスの中核となった。かくして、投信は銀行と証券会社共通の主力販売商品に押し上げられた。

だから、ビジネスの主役はあくまで販売会社である。運用会社はというと、絵に描いたような不幸な歴史が続く。

筆者が初めて投信の特集記事を書いたのは90年秋。当時の運用会社といえば、株式や債券を頻繁に売り買いし、系列の証券会社に発注、手数料を落とすことが主務だった。含み損を抱えた株式を高値で買い取る廃品回収業者のようなまねをするところもあった。運用担当者は出向者が大半で、運用のスキルも未熟なら、経験も浅かったのである。

●「投信は初心者向け」は間違い

日本の自動車・電機メーカーは、高度な技術をもとにすばらしい商品を開発し、世に送り出して販売会社が売るという川上から川下への流れだが、投信は川下から川上へ逆流するような構図だ。

売り手がまず資金を集める。資金が集まったので運用する。しばらくはごまかしがきいても、2、3年もすれば、本物ではない「運用力」、拙い「運用の技術」が馬脚をあらわす。大半の投信の長期運用成績が悪い理由はここにある。

一方で、日本に「資産運用」という概念が定着したのはごく最近だ。つまり、投資家も未成熟なのだ。未熟なファンドマネジャーと未熟な投資家。そして販売力にだけ長じた金融機関。この三者のねじれが、投信業界を今の不実な姿に育ててしまった。

13年秋に投資信託協会がまとめたアンケート結果（図C）が興味深い。「投信購入のきっかけ」は銀行や証券会社の勧誘がダントツのトップ。しかも、投信の商品性理解には高度な専門知識が求められるのに、「専門知識がなくても投資できる」と答えた個人が48％にも達した。運用成績で満足している人は全体のわずか2割弱。売り手の巧みな口車に乗せられて買わされ、損をこうむる個人の姿が浮かび上がる。

一方で、投信に不満を感じる点について、驚いたことに63％の人が「元本保証がない」と答えているのだ。リスク資産、あるいは「リスク」そのものへの理解、知識は残念ながら皆無に近いことをうかがわせている。国民性に問題があるかもし

図C　投資信託協会のアンケート結果

知識がないのに買わされてしまい、後悔する個人の姿が浮かび上がる		
投信購入のきっかけ	証券会社や銀行等の人から勧められて	56.4%
	家族・友人から良いという話を聞いて	24.0%
投資信託の優れていると感じる点	専門知識がなくても投資できる	48.4%
	定期的に分配金が受け取れる	45.2%
投信の運用実績評価（単数回答）	期待以上・期待どおり	19.2%
	期待より悪い・期待外れ	48.4%

（出所）投資信託協会公表資料を一部加工（2013年11月）

れないし、確定給付年金制度の弊害かもしれない。

「投信とは、運用のプロにまかせる初心者向けの投資商品」は間違いである。これは銀行や証券会社が、初心者に売りやすいマーケットに育てるために作った見事なキャッチコピーと言える。

本書は、「投信とは、品質の真贋《しんがん》を見抜く力が求められる経験者向けの投資商品」を出発点として話を進めていく。

CASE 12

高かろう、悪かろう——コストが足を引っ張る

POINT

「（コストが）高かろう、（成績が）良かろう」は存在しない。コストがリターンを押し下げる。毎日かかる信託報酬の「負」の複利効果を重視せよ。

陥りやすさ ■□□□□
タイプ 初級者
運用スパン 短期〜中期

✕ あなたはこうして失敗する

トリュフやキャビアなどぜいたくな素材をふんだんに使った料理は美味だが、それなりの対価を払わなければならない。高級車を買えばより安全で、より心地良いカーライフを楽しめる。高いコストをかければ料理であれ、エンターテインメントであれ、それなりの満足感を得られる。

何を今さらそんな世間の常識を、と思うあなた。投信にこの常識を当てはめるととんでもない失敗をしてしまう。投信の世界では「（コストが）高かろう（運用成績が）

良かろう」「高かろう（運用の腕前が）うまかろう」が当てはまらない。「安かろう、うまかろう」「安かろう、良かろう」の世界なのである。

これだけは知っておこう

●低リターンの投信はコストが高い

2013年の日経平均株価は歴史的な上げ相場を演じ、米国でもダウ平均が最高値をつけた。株式投信はほぼ例外なく好成績をあげており、成績不振の投信を探すのが難しいくらいだ。だが、あえてこんな状況でも振るわなかった主な投信をピックアップしてみた。

日経電子版「投信発掘ツール」を使って、過去5年間のリターンと合計コストがわかる投信をふるいにかけた。図Aはその一覧だが、共通点の一つはほとんどが代替投資型ということだ。代替投資とは株式や債券以外のさまざまな商品にも投資するファンド。二つ目は5年間のコストが累計7～10％前後とかなり高いことだ。無報酬だと仮定すれば3本はプラスに転じていた。もともと代替投資型は孫ファンドを作って運用を一任するイメージなので、コストがかかりやすい。相場が調整局面に入ると、まずコストの高いファンドから運用成績が悪化してくる。

●信託報酬はこっそり徴収

ここで投信のコストの仕組みについておさらいしておこう。

投信の購入は、イコール他人に資金運用をまかせたことを意味する。対価を払うのは当然だ。払う費用は大きく3種類。最初の販売手数料。これを入口でかかるコストと考えると、出口で発生するのが信託財産留保額。中途解約時のみに発生する少額のペナルティーだ。

そして、最大のコストでリターンを押し下げる主因が信託報酬。運用代行手数料や管理関連の費用をたばねたコストで、販売

図A　5年間のリターンがマイナスだった投信10本の年間平均コストは約1.5%

ファンド名	リターン	種類	5年間のコスト
グローバル高配当プラス・F(四半期決算型)	-18.34	海外株式型	10.21
パインブリッジ・コモディティファンド	-1.17	代替投資型	9.75
パインブリッジ・コモディティF(1年決算)	-1.66	代替投資型	9.75
ポールソン・アドバンテージ・オープン	-30.72	代替投資型	9.16
損保ジャパン-DBLCI コモディティ6	-4.53	代替投資型	8.96
ベストプロパティー・インカム(毎月分配型)	-48.74	代替投資型	8.38
GS 日本株式マーケット・ニュートラル・F	-13.41	代替投資型	7.55
GS 日本株式マーケット・ニュートラル・OP	-13.00	代替投資型	7.02
野村日本株マーケット・ニュートラル・ファンズ(SMA)	-6.42	代替投資型	2.30
野村短期金利連動型投信(安定型)	-2.04	海外債券型	1.09

(注)2013年末時点、日経電子版「投信発掘ツール」で選別。
コストの定義は日経電子版を参照。

会社と運用会社、信託銀行の3種類の機関が役割に応じて分け合う。投信販売は銀行や証券会社の中核ビジネスになったが、それを支えたのは天引き徴収システムだ。

信託報酬は毎日、投信全体の財産から日割りで差っ引く。手数料を取られるのに請求書や領収書は送られてこないから、購入者はあまり意識しない。運用報告書に開示されているが、1万口当たり平均○円と書いてあるだけで、自分の保有財産に対していくら引かれたかはわからない。

元本を割り込んでも、取りっぱぐれがない。そもそも基準価格は信託報酬天引き後の金額だから、「手数料を支払った」実感を抱かせない。目立たずに、こっそりと、でも確実に徴収する――。考えるほどによくできたシステムだ。彼らが投信を売りたがるのがよくわかるだろう。

● 運用ではなくコストで負けるアクティブ型投信

ところで、この信託報酬は日割りでかかってくるため「負」の複利効果が大きく、期間が長いほど悪影響を及ぼす。

図Bは、リターンをきちんとあげた場合に1％の信託報酬の差がどれだけ収益を圧迫するのか試算した。仮に3％のリターンを継続して確保した場合、5年間で5％以上の差が生じる。日本がディスインフレ、あるいはデフレ局面では、この5％の差は大きい。

運用がうまくいかずにリターンがゼロだった場合はもっと始末が悪い。信託報酬分だけ資産は目減りしていく。もろに「マイナス」の複利作用がはたらいて1％の違いが損失をふくらませる。結果的には、1％の違いが約4万7000円の差につながった。ついでに言うと、株式投信の信託報酬はれっきとしたサービス料金だから、消費税も加わる。消費税率アップは投資家にとって痛い話だ。

日本の株式投信では、全般にインデックス型ファンドの方がアクティブ型ファンドよりも成績が良い。アクティブ型とは、東証株価指数などの目標指数（ベンチマーク）に勝つ

図B　信託報酬の1％の違いが生む負担を試算すると……

（100円未満切り捨て）

〈毎年3％のリターンがあった場合、1％の違いでどの程度もうけが減るか〉

運用コスト	1年目	2年目	…………	5年目
1.0%	101万9700円	103万9700円	…………	110万2400円
2.0%	100万9400円	101万8800円	…………	104万7800円

もうけは5万4600円減る。元本に対して約5.5％の差を生む

〈リターンをあげられなかった場合、コストだけでどの程度資産が目減りするか〉

運用コスト	1年目	2年目	…………	5年目
1.0%	99万円	98万100円	…………	95万900円
2.0%	98万円	96万400円	…………	90万3900円

純資産は4万7000円減る。元本に対して約4.7％の差を生む

ために積極的に銘柄を入れ替える手法。一方、インデックス型は、指数と同じ銘柄を組み入れて連動させるだけだ。

前者はファンドマネジャーが銘柄を調査、分析し、タイミングも考えて売買する運用の王道を歩む投信だが、何もしないインデックス型ファンドになかなか勝てないのが現実だ。

これは、人件費や運用管理関連費用がかさみ、信託報酬が増えるためだ。インデックス型は人手がかからずコストは格段に安くなる。この差が、時間を経過するとともにアクティブ型のリターンを押し下げる。アクティブ型は運用力で負けるというより、コストで負けるのだ。

信託報酬が高くても、それを上回るパフォーマンスをあげているファンドはもちろんある。だが、日本では、基本的にはコストによる「負」の複利効果がリターンを左右すると考えてよい。つまり、投信は「コストが安かろう　成績が良かろう」なのである。

日経電子版の「投信発掘ツール」では、販売手数料のみ、あるいは信託報酬などを加えた総合コストの1年、3年、5年できめ細かくスクリーニングできる。

CASE 13

運用打ち切りのサインを見逃すな

POINT

運用が途中で打ち切られ、損失が確定してしまうファンドがある。ファンドから資金の流出が続いていたら要注意。純資産総額を余命のサインと知れ。

陥りやすさ ■■■■□

タイプ 初級者

運用スパン 中期〜長期

✕ あなたはこうして失敗する

基準価格6000円のあるファンドを見つけた。原油や穀物などの国際商品市場で運用するファンドで、将来そこそこの安定リターンが期待できそうだ。あなたは60万円を払ってこの投信を買い付けたが、その後すぐに基準価格は5600円に下がってしまった。

少額の含み損なので、もう半年ほど様子を見よう。保有継続を決めてしばらく後、運用会社から唐突に「繰上償還を実施します」という連絡が来た。運用を打ち切るのだという。「純資産残高が著しく減り、効率的な運用をできなくなったため、規約に則って償還」するそうだ。あなたは含み損を抱えたままだ。「けしからん」と怒っても後の祭り。償還手続きが取られ、結局60万円の個別元本が55万円になって戻ってきた。

投信には運用継続が難しい状況に陥った場合、運用をやめて資金を払い戻す繰上償還制度がある。それを知らずに「投信は長期運用だ」などとのんきに基準価格の回復を待っていると、含み損が突然、実現損に顕在化してしまう。

○これだけは知っておこう

●赤字部門切り捨ては当然の判断

「運用放棄なんて無責任だ」と怒りにふるえる気持ちはよくわかるが、途中償還は運用会社にとって合理的で正しい判断だ。運用の巧拙や結果はどうであれ、彼らは運用業務を通じて利益を得ようとしている企業の一つだ。利益が出なくなればさっさと運用をやめるのは当然の判断である。

例えば、あなたがパナソニーという架空のメーカーの株主で、テレビ部門が巨額の赤字を垂れ流し、回復のメドも立ちにくい状態だったとする。株主総会でこんな質問が飛んだ。「いつまでこの事業を続けるのですか」。経営陣はこう答えた。「この事業に従事している多くの関係者の皆様から、『負けるな』と熱い声援をいただいております。損失は覚悟の上。何十年でもがんばるつもりです！」。

あなたが常識人なら、「気でもふれたのか」と思うだろう。そう、赤字部門はさっさと切り捨てる。それがビジネスとして、あるいは一般社会の通念としても合理的な判断なのだ。運用会社も同じ。もうからないファンドは早くやめた方が好ましい。

●純資産30億円未満で黄信号が点滅

どのようなファンドが「廃棄処分」の対象になるかは、説明書・報告書や交付目論見書に記述がある。例えば「受益権の口数が一定水準を下回った場合などに繰上償還する」旨が書かれている。受益権口数が減るというのは解約が増えているという意味だ。つまり、キーワードは純資産総額の減少である。

投信運用会社の主な収入源は信託報酬である。ここからファンドマネジャーの給料、オフィスの家賃、パソコン等設備などの固定費を払い、データなどの情報料、月次報告書などの変動費もまかなう。

純資産100億円のファンドがあり、信託報酬のうち運用会社の取り分が年間1％

だったとすると、1億円で年間の経費をカバーすることになる。損益分岐点（売上高比率）の考え方は、そのまま投信ビジネスにも当てはまる。あえて命名するなら「損益分岐点純資産残高比率」。純資産が一定以下の水準になると、信託報酬で固定費が回収できなくなる。一刻も早くファンドをやめた方が良いわけだ。

ファンドアナリストによると、30億円未満で黄信号という指摘もある。黄信号が点滅しているファンドは純資産が30億円を切り、なおかつ半年で数億円以上の減少が続いているようなファンドだ。近い将来、繰上償還される公算が大きい。

図Aは日経電子版「投信発掘ツール」で調べた純資産残高と残高増減の分布だ。30億円を割り、償還リスクが大なり小なり存在するファンドは、13年末時点で2800本以上と想像より多かった。この中でも、残高が急減しているファンドは要注意だ。資金流出が激しいと、100億円規模のファンドでも1年かそこらで30億円を割り込んでしまう。

●解散に至る悪循環

前項でも言及したが、純資産が30億円未満の小型ファンドが2800本と全体の3分の2近くを占める現状は、「ファンドの粗製乱造」を裏づけている。資産を増やすという成果をまっとうできないのに、販売主導で資金集めに走ったなれの果てがこの惨状だ。

運用に失敗、あるいは運用方針そのものが間違ったために成果を出せず、基準価格が元本を割り込んで解約が出始める。その結果、純資産がさらに減り、投資家に見限られて解約増加を招き、さらに純資産の目減りを招く悪循環（図Ｂ）に陥る。そして、とうとうビジネス的に成り立たず、運用バンザイ（お手上げ）という結末になる。

アベノミクスなどで相場が上向いている局面では資金がどんどん投信に流れ込むので、償還リスクも見えなくなる。運用会社は救われた格好だが、市場環境が悪化すると、こうした株式にはないリスクが台頭するということをおぼえておいてほしい。

図Ａ　繰上償還リスクを抱えたファンドは約２８００本と全体の６割以上

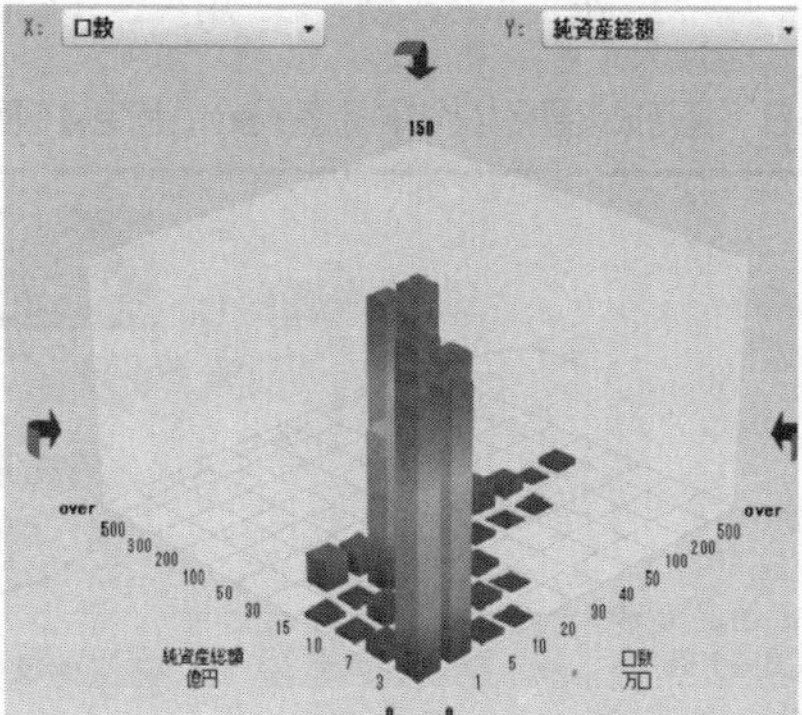

（出所）日経電子版「投信発掘ツール」

過去に繰上償還を発表したあるご当地ファンドのプレスリリースでは、「残高減少が続いた場合は運用方針に即した運用が困難になる」と述べている。「投資家が解約を続けるので運用をあきらめざるをえない。責任は我々にはない」と言わんばかりだ。ちなみに、このファンドは、設定以来プラスの成果をあげることはほとんどなかった。「自分たちの運用方針に即した運用が困難になる」と繰上償還の理由を述べているが違うような気がする。筆者がデスクとして赤入れ（修正）させていただくと……。

「私たちに資金を信託してくれても満足な運用成果をあげられません。にもかかわらず、報酬をいただくのは忍びないので償還します」だが、いかがだろうか。

図B　運用成績悪化などで純資産が減り、固定費を回収できなくなると償還

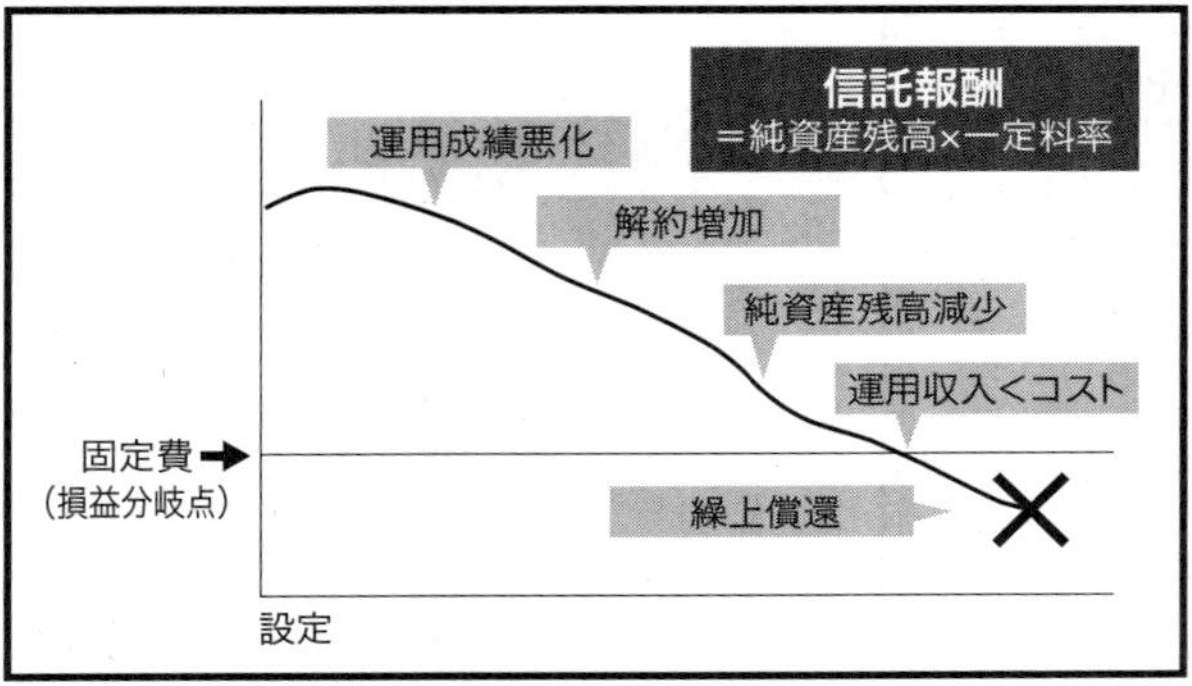

CASE 14

賞をとったファンドはもうかるのか

POINT

○△×賞受賞ファンドは買いなのだろうか。商品選択の参考にはなるが、将来の成績とは無関係だ。必ず賞の基準と根拠を確かめよう。

陥りやすさ ■■■■■

タイプ 初〜上級者

運用スパン 中期〜長期

×

あなたはこうして失敗する

2013年2月。あなたは退職したばかりで余裕資金は十分にあったが、資産運用はズブの素人。投信を買おうと思っても、何を基準に選べばいいかわからない。友人に聞いたら「いろいろな賞があるから、受賞したファンドを買えば外れはないんじゃないか」と知恵を授けられた。

そこで、あれこれWebサイトを探していたら「モーニングスターアワード・ファンド オブ ザ イヤー2012」のページにたどりついた。投信の評価機関が主宰している投信のアカデミー賞のようなものらしい。

国内株式型部門の最優秀ファンドは「日本株セレクト・オープン〝日本新世紀〟日本株インカム・ファンド」。選定理由として、「運用成績・効率性ともに優れる」「中長期の運用成績は良好」などと書かれている。まあ、ベストファンドなので心配は無用か。

13年2月末、あなたは基準価格1万2744円でこのファンドを購入した。

その後、日経平均株価は1日で1100円以上下がる「5・23ショック」で動揺したものの、年後半から力強く回復し、年末には高値を更

図A　最優秀ファンドだからといって運用成績が秀でているわけではなさそう

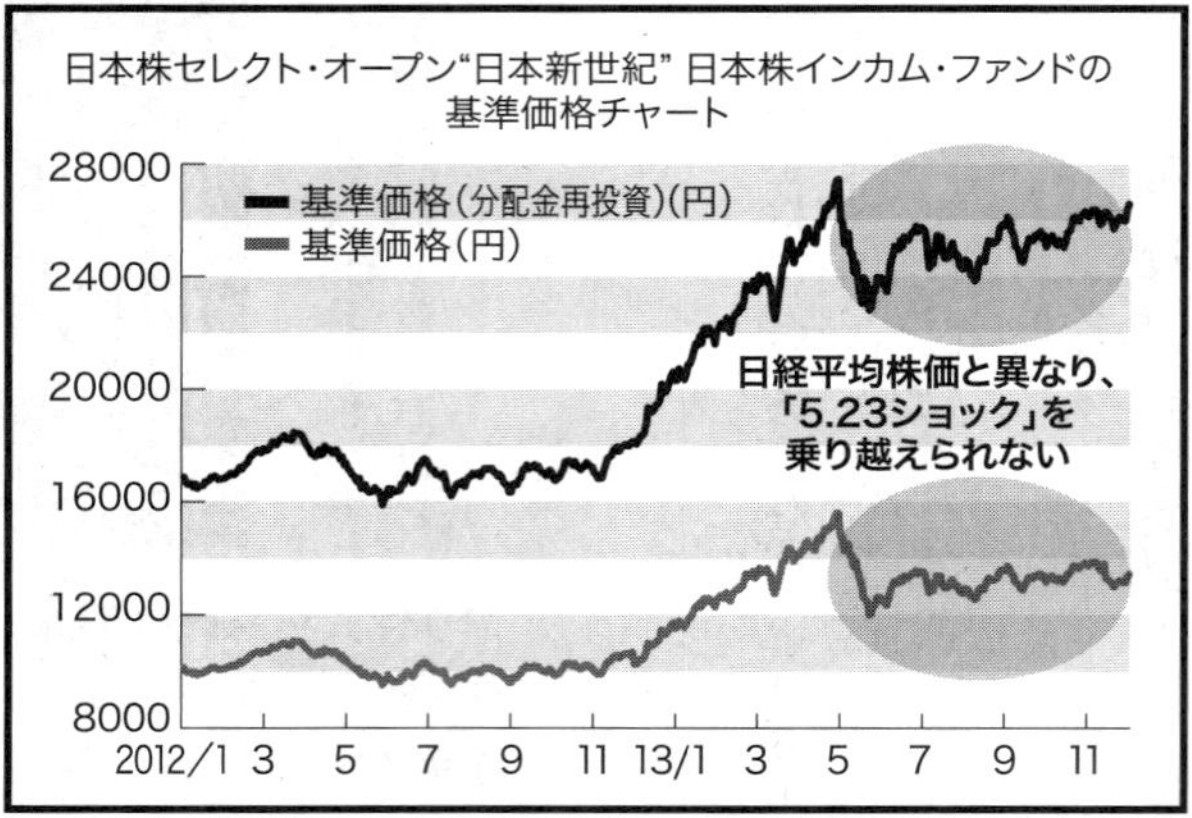

新。1万6000円台へ駆け上がった。ところがこのファンドは、もたついたままで基準価格は1万3612円のままだ。上昇率はわずか7%。同期間の日経平均は1万1559円から1万6291円へ40%以上上がっている。

過去に最優秀に選ばれたファンドもどうだったかを調べてみたら、特別に運用成績が秀でているわけでもなかった。

運用成績が芳しくないのに「運用成績が安定している」と言ったり、成績が多少悪くても「効率が良い」と評価したり、今一つ釈然としなかったが、二つ大切なポイントを学んだ。ここで言う最優秀賞とは金メダルやナンバーワンという意味ではなく、どうやら「相対的な評価」であるということ。

もう一つは、最優秀といっても過去の評価に過ぎず、将来のリターンを担保してくれるものではない、ということだった。

○これだけは知っておこう

●賞は株式持ち合いかビジネスか

投信業界にはさまざまな賞がある。モーニングスター社が代表的だが、リッパー社のファンド・アワード、日経グループのR&I（格付投資情報センター）によるファンド大賞などなど。うした賞は、投信市場に一定の育成効果をもたらした。ここれまでの項で何度も説明したが、投信は金融機関による手数料稼ぎの商品として使われてきた経緯がある。そうした中で第三者による投信評価の動きが広がったことは、業界のモラルハザードに一定のくさびを打ち込み、同時に個人投資家の投信選択の際の一助になった。

もっとも、読者のみなさんは、もう少し業界の裏側を知っておいてもよさそうだ。実はこうした賞は使用料金（ライセンス料と呼んだりする）を要求するケースが少なくない。わかりやすく言うと、運用会社が「○△×賞受賞ファンド」といったロゴを広告や資料で使いたいのなら、評価機関に使用料を支払う。ロゴを使うことで当該ファンドの販売促進を強力に後押しすることになるからだ。

販売会社は賞を「利用」するかわりに使用料を払う。評価機関は「賞」を授けるかわりに使用料を受け取る。なんだか立派なビジネスではないか。

もし実態はビジネスだと考えるなら、「賞」をわんさか増設し、運用会社や販売会社にバラまけばよい。「賞」が増えるにつれて売りやすい投信が増える。「賞」の威を借りたい販売会社にとっては歓迎だろう。何度もしつこく書くが、投信は慈善事業ではなく、ビジネスなのである。

賞の数が増えすぎると、インフレでお金の価値が下がるように「賞」の価値が希薄化していく。評価機関は使用料で、売り手は手数料で肥えるという批判もあがるかもしれない。

杞憂だろうが、「賞」にはこんな一面もあるのだということを知っておいて損はないだろう。各評価機関のサイトで、受賞本数が一定なのか年々増えているのか確かめれば、ビジネス色がすぐわかる。

図B　評価機関と販売会社は持ち合い関係？

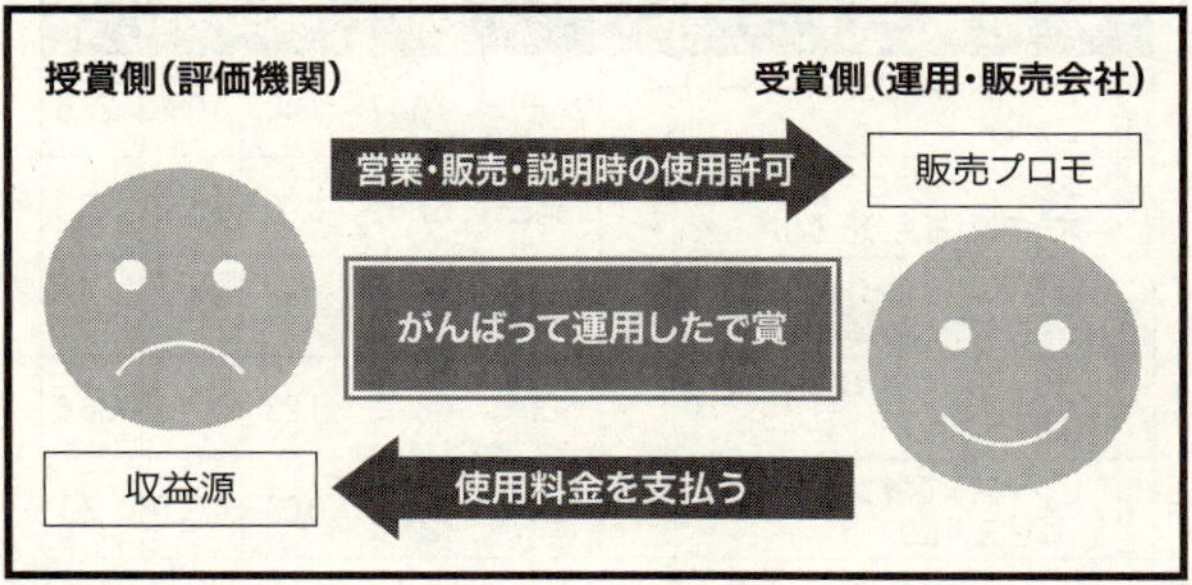

●NIKKEI QUICK投信実力ランキングが誕生した理由

日本経済新聞社と金融情報会社QUICKは08年、投信実力ランキングを創設した。図Cのように、シャープレシオ、そして純資産残高の増減を基準にランキングした。シャープレシオはいわば運用の腕前を測るモノサシ（ケース17で詳述）。純資産残高の増減は売れ筋の目安。資金流入額が多いほどプラスになる。音楽にたとえると「歌唱力＋CD等販売額」。この二つの客観的な基準でファンドの順位づけをした。

なぜ、報道機関がこんなことを始めたかというと、業界関係者からファンドの優劣を決める客観的な評価基準を作ってほしいという要望があったためだ。ありていに言えば、一

図C　NIKKEI QUICK 2012投信実力ランキング（3年、総合）

順位	ファンド名	運用会社（略称）	ポイント 合計	運用効率（QBRファンドレシオ）	資金流入額（億円）	3年間騰落率（%）
1	フィデリティ・USハイ・イールド・ファンド	フィデリティ	70.17	1.49	4,085	25.5
2	アジア・オセアニア好配当成長株オープン（毎月分配型）	岡三	67.89	0.90	2,658	17.3
3	野村米国ハイ・イールド債券投信（豪ドルコース）毎月分配型	野村	67.77	1.32	3,890	53.7
4	ラサール・グローバルREITファンド（毎月分配型）	日興	66.85	1.23	4,553	36.6
5	ピクテ新興国インカム株式ファンド（毎月決算型）	ピクテ	66.39	0.63	4,020	5.1

部の「賞」には「恣意性」が入り込んでおり、誰が見ても納得する明確な理由が示されていないことへの不満が運用会社の間にもくすぶっている。だから、運用成績が2位、あるいは運用力が3位でも、評価機関とのさまざまな交渉次第で賞をもぎ取ることが可能だという風評が立つ。

個人投資家は、受賞ファンドを商品選択時の参考材料にするのはかまわないが、「受賞＝購入の目安」と短絡的に考えないで、まず基準を確かめることが必要だ。

公募投信は4000本以上もあるし、選別方法は株式とまったく異なる。本書でたびたび言及しているが、選び方が難しい。受賞基準の理解を深めるだけでも、投信を選ぶ「目利き」としての力が養なわれるはずだ。

CASE 15

羊頭狗肉か、大同小異か——名前に隠された真実

POINT

テーマ型ファンドはリスク回避に有効なこともある。だが、その実態は、羊頭狗肉なのか、大同小異なのか。ファンドの名前に惑わされず、構成銘柄を吟味せよ。

陥りやすさ ■■■■■
タ イ プ 初〜中級者
運用スパン 中期〜長期

✕ あなたはこうして失敗する

「お願い！ランキング」（テレビ朝日）という番組では、辛口の美食家が料理を採点するコーナーがある。名前に似つかわしくない料理が出ると、決まって悪い点数がつく。先日も「肉豆腐」という名前のついた料理が出てきたら、「中身は豚汁で失望を買う」とNG評価。「絶品バーガー」だったら「絶品ではない」とこきおろされる。

人は誰でも名前から商品性を想像するので、イメージと実物がかけ離れると「外したー」という結果になる。料理なら話のネタですむが、大事な資産を託す投信となる

と「外したー」ではすまない。

○これだけは知っておこう

●構成銘柄からは想像できないファンドの名前

まずはクイズを1題（図A）。あるファンドの上位組み入れ銘柄だが、どんなファンドか当ててほしい。キヤノンがトップで、ファナックや信越化学工業などの国際優良株が上位を占める。TOPIX先物も上位だから……と推理をはたらかせていくと「外したー」。カギは常陽銀行。正解は「茨城ファンド」である。その地域にちなんだ銘柄などを中心に組み入れて地域振興などにつなげる、いわゆるご当地ファンドだ。

逆に「茨城ファンド」のネーミングからは、この地域に関係のある地方の企業が構成銘柄の中心だと考える投資家が多いのではなかろ

図A　このファンドの正体は？

組み入れ銘柄	比率
キヤノン	6.3%
TOPIX先物	5.9%
ファナック	5.8%
常陽銀行	5.8%
日立製作所	5.1%
セブン&アイ	4.7%
アステラス製薬	3.9%
信越化学	3.6%
クボタ	3.1%
コマツ	2.9%

うか。報告書や説明書をきちんと読み込まないと、外形から受けるイメージとは異なるファンドを買ってしまう。

もちろん、販売会社や運用会社には反論がある。組み入れ銘柄にはどこかで接点があるからだ。当該企業が茨城県に工場か店舗を持っていて地域の雇用に貢献している、といった類だ。それならコンビニなんて全部入るのだが、まあご当地ファンドはこの手の羊頭狗肉《ようとうくにく》型が一般的である。

●大同小異型ファンドが生まれる三つの理由

筆者が昔から気になっているのが「大同小異型ファンド」。いろいろ名前をつけて独自さを売りにしてはいるが、中身はほぼ同じというパターンだ。

野村アセットマネジメントが手がけている3種類のファンドが図B。1兆円の資金を集めて話題になった「ノムラ日本株戦略ファンド」、高い配当の期待できる銘柄に投資する「日本好配当株投信」、パッシブ型運用の「TOPIX連動型上場投資信託」を並べた。

運用方針は違うが、組み入れ銘柄上位をくらべてみると、どのファンドにも共通していたのがトヨタ自動車、三菱UFJFG、またNTTやKDDIなど5銘柄。上場銘柄は全部で3700以上、1部上場だけでも1700以上もあるのに、中核銘柄はほとんど重なる。こうした状況はほかの運用各社にも多く見られるが、偶然ではなく必然だ。

理由は三つある。運用は組織、チームで取り組むからだ。合議制で上司にも報告する。だから、全員が納得する銘柄でなければならない。利益成長率、バリュー、配当利回りなどのモノサシでふるいにかけ、客観的に見て大丈夫という定量的判断を下す。「俺はこの銘柄に何かキラリと光るものを感じるんだ」とドラマのようなことを言っていたら、運用の一線から外されるだろう。

流動性確保という機関投資家特有の事

図B　野村アセットマネジメントが手がけるファンドの組み入れ上位銘柄

ノムラ日本株戦略ファンド（2013年11月現在）	日本好配当株投信（2013年11月現在）	TOPIX連動型上場投資信託（2013年11月現在）
トヨタ自動車	トヨタ自動車	トヨタ自動車
三菱UFJFG	みずほFG	三菱UFJFG
三井住友FG	NTT	ソフトバンク
日立製作所	三菱商事	本田技研工業
三菱電機	JT	三井住友FG
三菱重工業	KDDI	みずほFG
NTT	三菱UFJFG	JT
セブン&アイ	三井物産	NTT
オリックス	本田技研工業	キヤノン
KDDI	三井住友FG	KDDI

3ファンドすべてに共通の銘柄　2ファンドに共通の銘柄

（注）マンスリーリポートより抜粋。銘柄名は一部略称

情も大きい。どれだけ成長期待の高い銘柄を見つけても、時価総額が50億円の銘柄であれば、100億円の資金を投じることはできない。買い気配になって値がつかないし、よしんば買えたとしても売るときにそれだけの資金を吸収できる買い手が見つからない。売るに売れず、自ら株価を暴落させてしまいかねない。

売りたいときに売れる。これは、機関投資家が銘柄を選ぶ際に絶対外せない評価基準だ。つまり時価総額が大きく、自分たちが売買してもマーケットが壊れないような大型株が中心になる。主力組み入れ銘柄が誰でも知っている主力株になるのは、こうした背景がある。

運用が失敗したときの言い訳にも都合が良い、つまりアカウンタビリティ（説明責任）を果たす際に有効だ。トヨタ自動車に投資してダメなら投資家もあきらめてくれるし、上司も文句は言わない。手あかのついていない無名の株を有望株だと押し通して、万一外したら「銘柄選びをミスった」という汚点を残す。

独立した年俸制のファンドマネジャーならいざ知らず、サラリーマンのファンドマネジャーなら出世に響く。運用担当者が系列金融機関からの出向者なら、なおさら冒険はしない。かくして一寸法師の背くらべ。見かけこそバラエティに富むが、金太郎アメのファンドが増産される。

もっとも、個性派ファンドがまったくないわけではない。瀬戸内海に関係のある企業に投資する「瀬戸内4県ファンド」という投信がある。瀬戸内地方に縁やゆかりのある企業が構成銘柄の上位に入っており、TOPIXをかなり上回る成績を残している。調べたら08年秋のリーマンショック時に秘密があった。

当時は外国人投資家がリスク回避を鮮明にし、保有している国際優良株を売った。こうしたなか、外国人の地方銘柄の保有比率は小さかった模様で、その分、瀬戸内海関連の銘柄も影響をあまり受けずにすんだと見られる。「瀬戸内4県ファンド」は銘柄を集中させているが、日本株全体から見ると「非・国際優良株」という点で分散効果がはたらいた格好だ。

大事なのは羊頭狗肉か大同小異かではなく、運用レポートなどで正確な資産内容をつかみ、自分自身のポートフォリオとくらべながら、リスクをヘッジ（回避）できる効果が期待できるかなどを見極めることだ。

CASE 16

大ヒット投信の驚くべきカラクリ

POINT

新興国通貨の投信を買ったのに、お金はニューヨークやロンドンで運用されている。大ヒットした通貨選択型投信のカラクリを知ろう。

陥りやすさ ■■■□□

タイプ 初〜上級者

運用スパン 中期〜長期

✕ あなたはこうして失敗する

「急成長する新興国の通貨を選べるファンドです」。2010年、客を装って証券会社の店頭に行ったら「通貨選択型」と言われる投資信託を紹介された。

このファンド、近年最大のヒット投信の一つだ。中国人民元やブラジル・レアル、インド・ルピーなど経済成長著しい国の通貨を選択し、高成長に裏づけられた高金利を享受する。ブラジル五輪決定などの材料もあったし、購入した投資家も多いのではないか。0・1%の金利差に一喜一憂する日本の状況とくらべると魅力にあふれている。

さて、この項でもまず1題クイズを解いてから解説しよう。「フィデリティ・米国優良株・ファンド」というファンドの組み入れ上位3銘柄は11年5月時点で、アップル、プロクター&ギャンブル、グーグルだ。では、この「通貨選択型」の外貨建て投信の場合、ブラジルや中国などのどんな商品に投資しているのだろうか。

株式、債券、不動産?……いやいや資源国だからアルミ、銅などの非鉄では? とたくましく想像をふくらませた方は残念。

答えは「どこにも投資していない」である。この驚くべきカラクリを解説する。

○これだけは知っておこう

●実際の通貨を買わずに利益をあげる仕組み

パンフレットの小さな字で書かれている部分を探すと、「ノン・デリバラブル・フォワード(NDF)を使います」という記述が見つかる。一言で言うと、特殊な為替先渡し取引。

まず図A右側のフロー。投信運用会社はいったんドル建ての新興国債券を購入する。ドル建てなのでドルの利子収入が得られ、分配金として還元される。

図A　通貨選択型ファンドのからくり

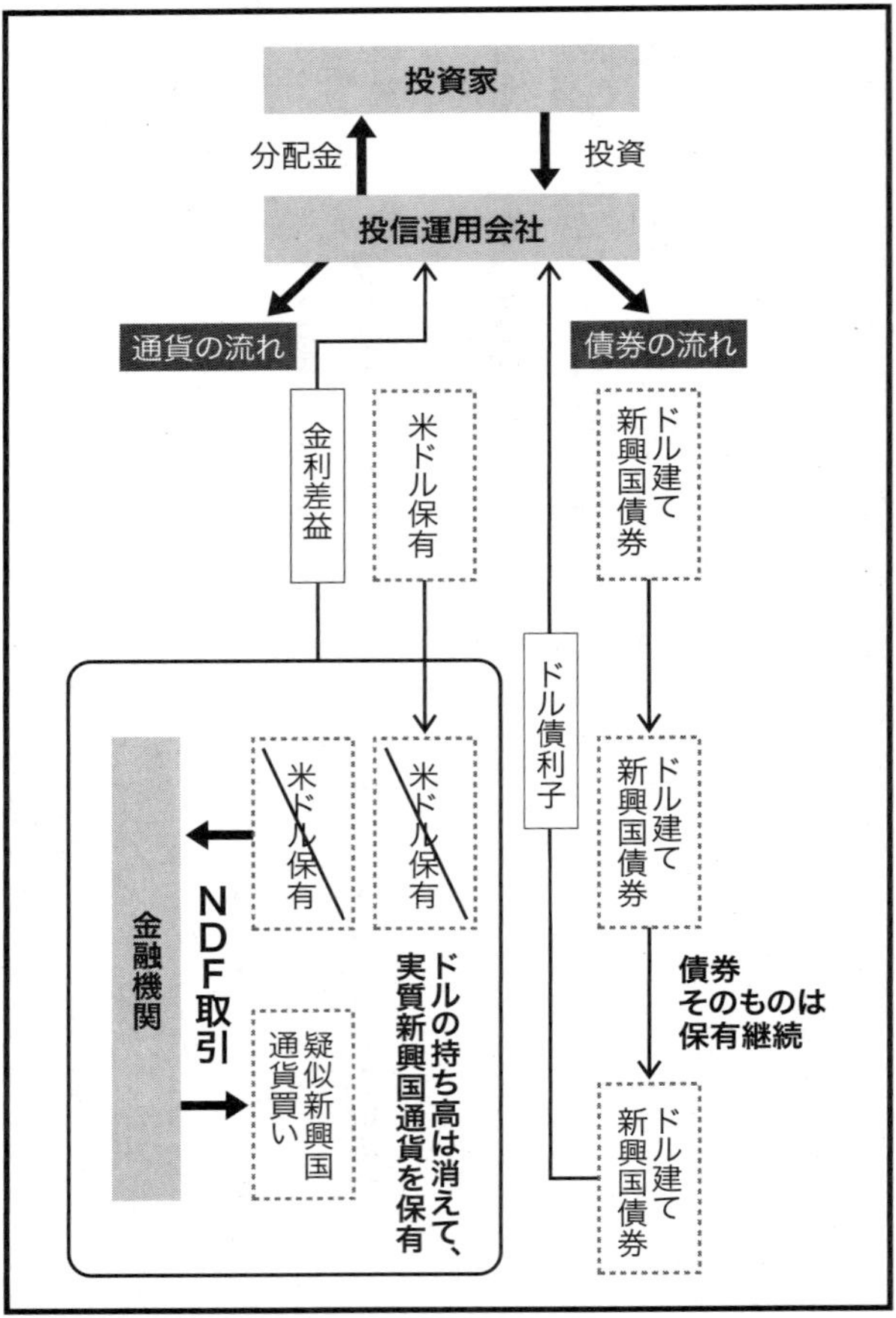

次に左側。運用会社は日本円で投じた資金をドルに替えているので、通貨では「ドル買い」の形だ。ここで「円キャリー取引」を思い出してほしい。日本が超金融緩和政策をとった小泉純一郎政権時代、世界の投資家が低金利の円を借りて「円売り・高金利通貨買い」に走った。「高金利通貨マイナス円金利」の利差収入が狙いだった。

NDFも「高金利通貨マイナス低いドル金利」の利差収入を得るために「ドルキャリー取引」を行う。つまり「米ドル売り・新興国通貨買い」だ。といっても、本物の新興国通貨を札束で買うのではない。ニューヨークやロンドンの銀行との間で、仮想の新興国通貨を為替先渡し取引として買い建てる。当初のドル買いは相殺され、実質的に新興国通貨だけを持っている形になる。そしてドル金利より新興国金利が高い分インカムゲインを得られる。通常の先渡し取引では2種類の元本を交換するが、このNDFでは決済日に「(先物レート×新興国通貨建て元本)と(直物レート×ドル建て元本)」の差額を米ドルで決済する。差金決済なので本物の新興国通貨は不要だ。

あなたのマネーはこうして欧米の金融市場を循環しているだけで、現地の有価証券とは関係がない。けれどもドル建て債券の利子、金利差収入(為替プレミアム)に加えて、新興国の通貨が上昇すれば為替差益まで得られる。そのため、高い分配金を実現できる。本物の金融商品で運用しなくても高いリターンを確保できたことが、空前の大ヒットにつながった。

●特殊なリスクが発生

ＮＤＦ取引を使えば、レアルや人民元とのやりとりなしで、通常の為替予約と同様の取引効果が発生する。なぜこんな仮想取引を編み出したかというと、新興国は外為規制や資本規制が厳しく、外貨をかんたんに調達、運用、決済できないからだ。

一方、あなたが負うリスクも増える。米ドルは相殺されて帳消しになり、かわりに新興国通貨の変動リスクが発生する。さらに、ＮＤＦという特殊な取引ゆえの固有のリスクが加わる。ＮＤＦ取引の対象となる新興国通貨はもともと流動性が低い。需給変動をもたらすようなリスクが顕在化すると、先渡しレートが金利差を適正に反映した水準（理論レート）から乖離してしまうことがある。

レアル金利はドル金利より7～8％前後高いが、11年春、ブラジルの金融取引税強化によるコスト増を嫌ってＮＤＦの先渡し価格が変動し、金利差を反映した為替プレミアムが大幅に減少した。ＮＤＦの市場や仕組み自体はほとんど開示されていないので、実態がわかりにくい。取引相手である金融機関が破綻したら、ＮＤＦ取引はどう担保されるのかという問題も発生しそうだ。

3章 良い投信、悪い投信の見分け方

商品の仕組み、目論見書の読解、資産運用のモノサシ、投資対象の判断——投信購入は株式なみに多くの専門知識やノウハウが必要になってくる。初心者では理解しにくい仕組みや外から見えないカラクリがいろいろ組み込まれている。資産運用のＡＢＣを学び始めた初心者が、ひょいと手を出すべき商品ではないのだ。

この章では、失敗例を検証しながら、優良投信を選び抜く眼力を鍛える。見かけのリターンや分配金にだまされない知恵、日経電子版の便利ツール「投信発掘ツール」を活用したテクニックなどを学び、「投信購入のプロ」を目指そう。FPの方にも実践的なノウハウとして役立つ点が多いだろう。

CASE 17

運用の下手な投信をあぶりだせ——シャープレシオ

POINT

投信の運用成績は算数のテスト結果とはまったく違う。見かけの良さにだまされてはいけない。ファンドマネジャーの腕前＝運用力は、シャープレシオを活用して判定せよ。

陥りやすさ	■■■□□
タイプ	初〜中級者
運用スパン	短期〜長期

✕ あなたはこうして失敗する

算数のテストで80点取った子どもと50点しか取れなかった子ども。特別な理由がない限り、誰がどう見ても80点を取った子どもの方が算数の力は上だと考える。

学校のテストに限らず、一般に試験結果は数値が上位の方が下位よりも優秀（あるいは劣後）と判別する。そんなことは説明の必要もない常識なのだが、その常識が災いして、投信の判断で失敗してしまうことがある。

投信には運用成績が開示されている。算数のテストよろしく当然のようにリターンを比較する。Aファンド＝10％、Bファンド＝5％。そしてあなたはこう結論づける。「10％の成績をたたき出したAファンドの方がBファンドよりも魅力的だ」。

この判断、実はまったく正反対のときがある。

○これだけは知っておこう

●馬券と株式、どちらがうまい増やし方か

すぐれた投信かどうかを見極める場合、実はリターンだけでは確実に判定できない。リターンを得るためにファンドマネジャーがどの程度のリスクを取ったのか、という要素を加味して考える必要がある。一定のリスクに対するリターンの度合いを、シャープの測度、通称シャープレシオと呼ぶ。

やや難しい概念なので、理解を深めるためにクイズを1題解いてみよう。数年前、あるスーパーホースが出走するというのでしこたま馬券を買い込んだ。結果はもちろん1着。つまり、馬券を買った私は配当をもらった。100円に対して110円が払い戻された。「リターンは？」と問われると、100円の投入資金に対して10％である。

では問題。私の友人Bさんは、ある小型株を1万円で買って翌日1万1000円で

売った。1000円のもうけだ。投資元本に対するリターンは同じく10%である。読者のみなさんは、競馬で稼いだ筆者と株式でもうけた友人B氏、資金の増やし方という観点で見ればどちらに称賛の拍手を送るだろうか。

競馬の予想は難しいから筆者の方が上手だ——。こう考えてくれた読者は、うれしいけれど不正解である。正解はB氏だ。

判別の重要なポイントは、リターンではなくリスクの大きさにある。競馬は通常1分から2分程度でレースが終わる。予想が外れると馬券は紙くずだ。たいてい外れるが、たまに的中すると何十倍もの払い戻しが得られる。万馬券だったら

図A Q. 同じリターン。どちらが優秀？

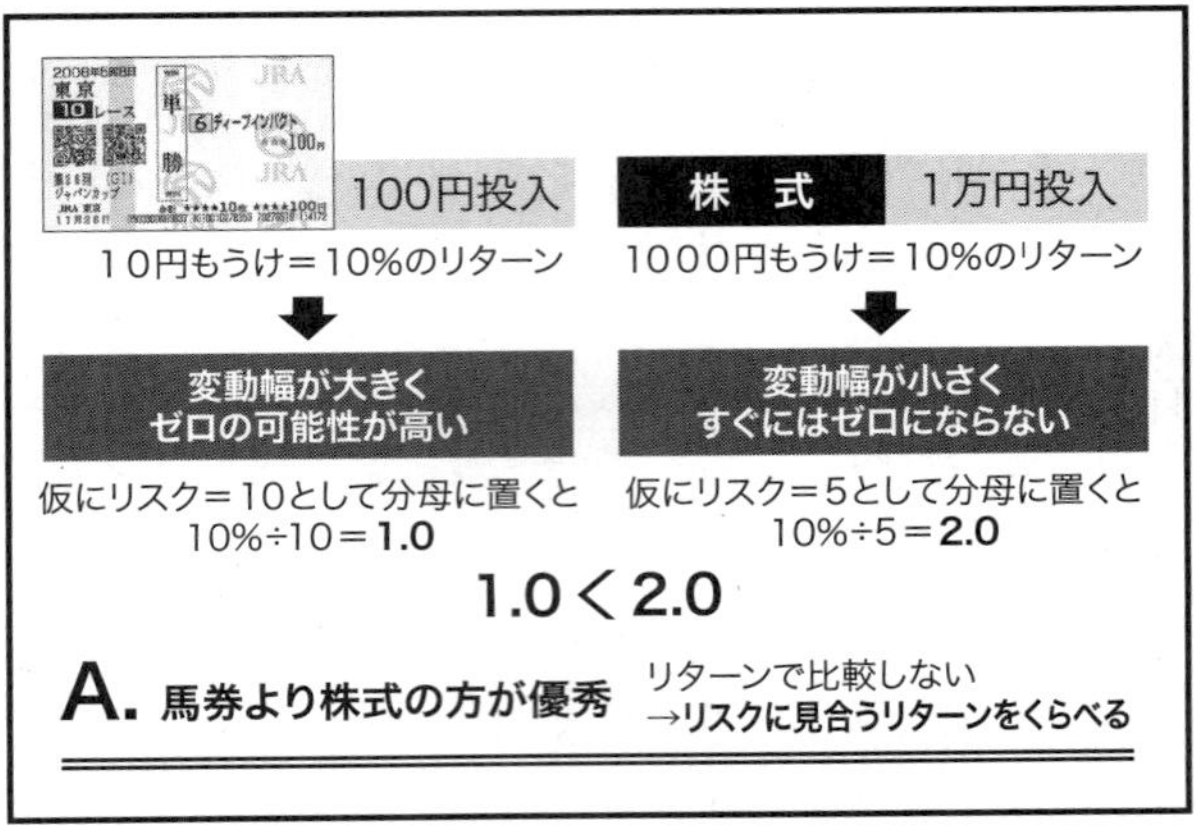

100円投入
10円もうけ＝10%のリターン
変動幅が大きく
ゼロの可能性が高い
仮にリスク＝10として分母に置くと
10%÷10＝1.0
株　式
1万円投入
1000円もうけ＝10%のリターン
変動幅が小さく
すぐにはゼロにならない
仮にリスク＝5として分母に置くと
10%÷5＝2.0
1.0＜2.0
A. 馬券より株式の方が優秀
リターンで比較しない
→リスクに見合うリターンをくらべる

100倍以上の配当だ。リスク＝ブレの大きさで言えば、ゼロから100倍以上。ハイリスク極まりで、ギャンブルたるゆえんである。

一方、株式はどうだろうか。少なくとも上場株式に限っては、今日買った銘柄が翌日紙くずになる、ということは起こりえない。売り注文が殺到しても値幅制限措置（いわゆるストップ安）が発動されるので、すぐには無価値にならない。逆に、突然何倍にも上がったりはしない。

●リスクとリターンの関係を測る

クイズの解答への道しるべは同じだ。10%のリターンを得るのに、どれだけのリスクを取ったかを考えればよい。馬券には一瞬でゼロになるかもしれない大きなリスクを投じたのに対して、株式ははるかに少ないリスクですんだ。運用効率の良さは株式が勝っているというわけだ。

この考え方を計算式に当てはめて求めるのがシャープレシオだ。分子に平均収益率から無リスク利子率を差し引いたものを置き、それを標準偏差で割る。平たく言えば、分子には国債などのリスクのない金融商品を除いて、あくまでリスクを背負ってもうけた収益率（超過収益率）のみを評価対象に考える。分母は標準偏差なので、リスクの大きさだ。つまり、リスク1単位に対してどれだけもうけたのかを求める算式だ。

この考え方は、運用担当者あるいは運用会社の腕前を表しているともいえ、数値は高いほど好ましい。本題に戻ろう。例えば、10％のリターンだったA投信のリスクが5だと仮定する。シャープレシオは10％÷5＝2。

比較するB投信のリターンが5％と、A投信を下回っていたとしよう。リターンだけなら魅力はないが、安全資産を中心に運用しているためにリスクが2だった場合はどうなるか。B投信のシャープレシオは5％÷2＝2・5。A投信を逆転してしまう。運用力をくらべると、リターンが小さくてもB投信に軍配が上がった格好だ。

運用成績だけを純粋にくらべるならリターンだけで事足りるかもしれないが、運用のうまさまで考えて選

図B　シャープレシオの計算式

$$\text{シャープレシオ} = \frac{\text{平均収益率} - \text{無リスク利子率}}{\text{標準偏差}}$$

わかりやすく言うと…… ↓

$$\text{シャープレシオ} = \frac{\text{国債など無リスク資産からの収益を除き、リスクを投じて得られたもうけ}}{\text{どれだけリスクをかけたか}}$$

ぶのであれば、ぜひシャープレシオを参考にしよう。

●ほかの商品にも応用できる

独立系FPなど専門家に助言を請うと、たいていはこのシャープレシオを重視しておすすめファンドを選んでくれるはずだ。日経電子版にもシャープレシオでファンドを選べるツールが備わっている。

シャープレシオの考え方そのものは、外貨建て預金などほかの貯蓄型商品を選ぶ際にも有効だ。海外通貨ベースで5%の預金利回りだから、0%台の円金利よりも魅力があるとは必ずしも言えない。分母に外国為替の変動幅を入れるイメージで考えてもらうと、リスク見合いでのリターンはそれほど高くないということがおわかりいただけるだろう。

投信とは、プロに資金を預けて運用をまかせる他力本願型の資産運用だ。虎の子の資金を預けるファンドマネジャーの腕がすぐれているに越したことはない。

腕利きのファンドマネジャーが運用するファンドを探そうと思っても、「私はとびきり運用が上手です」とうたっている投信の広告などない。シャープレシオと日経電子版をうまく活用して、ぜひ凄腕ファンドを探し当ててほしい。

CASE 18

分配金利回り1％が16％に見えるトリック

POINT

特別分配金は、自らの資本を食いつぶす「タコ配」。分配金利回り1％が16％に見えるトリックに引っかからないように、自分の元本＝個別元本を計算せよ。

陥りやすさ ■■■■□

タ イ プ　初～中級者

運用スパン　短期～中期

✕ あなたはこうして失敗する

学生のころ、器にドカっと盛られている弁当を買ったら、上げ底で「いっぱい食わされた」と歯ぎしりしたことがよくあった。投信にこんなトリックが仕掛けられているとしたら、どうする？　何しろ1％の利回りが10％にも20％にふくらんで見えるのだ。だまされずに、賢く切り抜けられるだろうか。

このワナはほとんどの毎月分配型投信に仕掛けられている。人気の低格付け債投信の運用報告書をもとに検証してみよう。

仮に年初にこの投信を6000円で購入したとする。あなた自身の元本で、これを個別元本と呼ぶ。このファンド、どういうわけか気前よく毎月70～100円もの高い分配金を継続し、1年間の総額は実に1000円にのぼった。個別元本6000円に対する利回りは1000÷6000円で16・7%。驚異的な高利回りだ。だが、1年後の基準価格は5100円だった。あなたは本当に16・7%もの分配金をもらったのだろうか。

○これだけは知っておこう

●タコ配ではないがそうしないと不都合が生じる

このトリックを見破るには、まず基準価格5100円に分配金総額を足し戻してみる。分配なかりせば、の基準価格は6100円に増えているはずだ。購入時の基準価格とくらべると、正味100円しか増えていない。100÷6000＝1・7%。これが運用の実態である。

100円はもうけ、リターンだから、株式と同じように配当課税される。このもうかった分配金を普通分配金と呼ぶ。残りの9割、900円は単なる購入額＝個別元本の払い戻しに過ぎないので非課税だ。この分配金を特別分配金と呼ぶ。

特別分配金が900円ということは、900円払い戻されるので、あなたの投資金額、つまり個別元本が900円減る。

飢えたタコが自分の足を食うたとえから、配当可能な利益がないにもかかわらず配当することを「タコ配」と言う。株主が配当によって自ら会社の資産を食いつぶすわけで、当然、違法行為だ。

ほとんどもうけがないにもかかわらず、タコ配のような特別分配金ばかりを繰り返す投信業界。なぜこのような運用モラルに欠ける行為がはびこるかというと、買い手は分配金が出ると基準価格が下がる理屈をわかっていないからだ。

図A　本当はこれだけ増えた

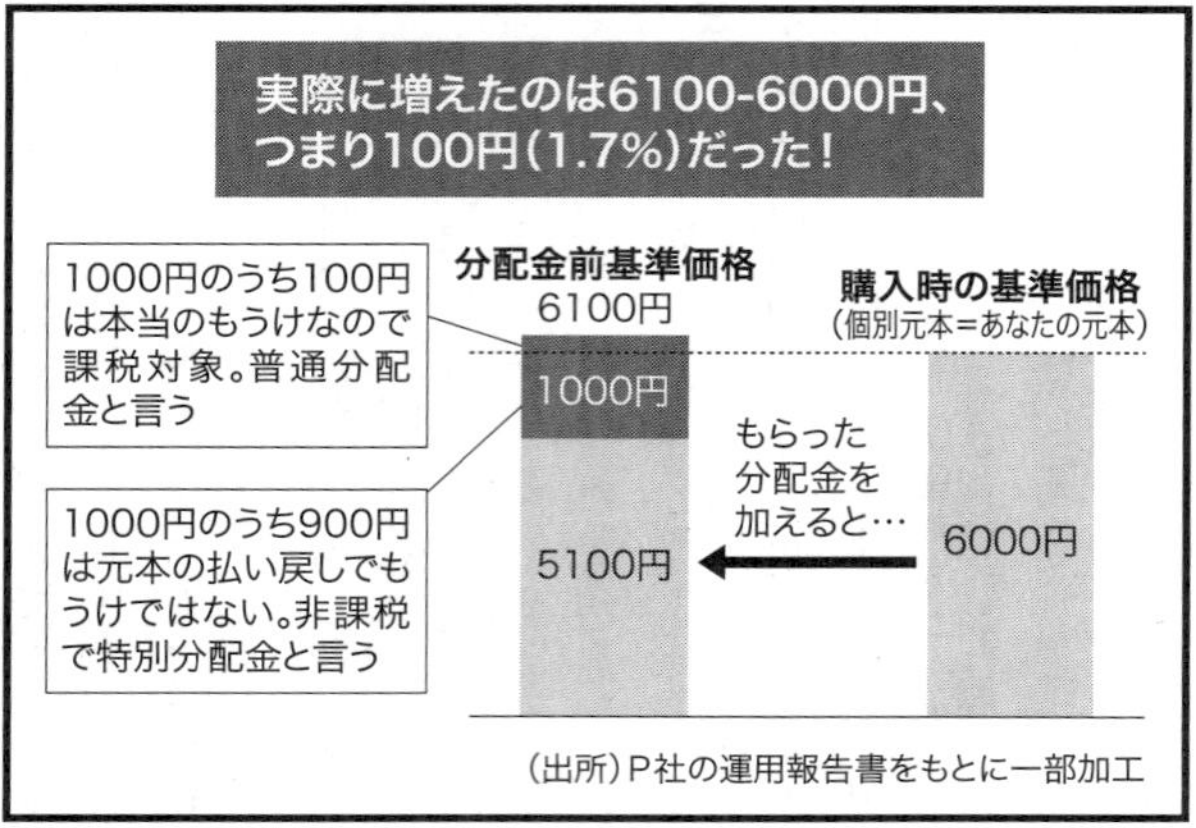

実際に増えたのは6100-6000円、
つまり100円(1.7%)だった！
1000円のうち100円は本当のもうけなので課税対象。普通分配金と言う
1000円のうち900円は元本の払い戻しでもうけではない。非課税で特別分配金と言う
分配金前基準価格
6100円
1000円
5100円
もらった分配金を加えると…
購入時の基準価格
(個別元本＝あなたの元本)
6000円

(出所)P社の運用報告書をもとに一部加工

13年11月に投信協会がまとめたアンケートによると、分配金について「支払われた額だけ基準価格が下がる」ことを知っているのは30％にも満たなかった。つまり、大半の個人は、分配金は株式配当と同じもうけの分け前で、分配金があっても投信の純資産は減らないと思い込んでいる。

業界関係者は、このようなとんでもない誤解で投信を買っている個人が多いことをしめしめと思っているかもしれない。「基準価格が下落したので分配金を停止」などとバカ正直なことをやっていたら、見かけの高い分配金に食いついている個人投資家が逃げてしまう。

純資産残高が減れば信託報酬が減る。これは都合が悪い。基準価格が減ろうが、元本の返還だろうが、なんだってかまわない。個人投資家をつなぎとめておければハッピーなのである。

CASE 19

分配金利回りは4種類。どれを見るべきか

POINT

分配金利回りの計算方法に決まったルールはなく、全部で4種類もある。おすすめは、資産内容の変動を正確に分析できる分配金再投資利回りだ。

陥りやすさ ■■■■□
タイプ 初〜中級者
運用スパン 短期〜中期

✕ あなたはこうして失敗する

あなたは購入対象を毎月分配型のL投信とM投信に絞り込んだ。L投信の基準価格は8000円。過去1年間で1000円の分配金を出している。M投信は基準価格が9000円で、この1年間で900円の分配金を出していた。

L投信の分配金利回り＝1000÷8000＝12・5％

M投信の分配金利回り＝900÷9000＝10・0％

迷わずあなたはL投信を買った。しばらくして重大なミスに気づいた。

そう、基準価格の増減を計算に入れていなかったのだ。L投信は、この1年間で1000円下落していた。分配金を出せば基準価格はそれだけ下がる。1000円分配でも、その分元本が1000円目減りすれば総合リターンはゼロである。M投信は、この1年間で基準価格の変動はなかった。つまりM投信の方が運用成績は圧倒的に良かったのだ。

「待てよ……過去の基準価格なんて関係ないだろ。これから買うんだから直近の基準価格がベースだろう」。だんだんこんがらがってきた。

これだけは知っておこう

●4種類の利回り

分配金利回りへの注目が高まっているが、決まった計算ルールはない。一般的には4種類の計算方法があるとされる。例えば、想定分配金利回りは、先ほどの事例で紹介したように、過去1年間の分配金が今後も出るだろうと想定して利回りをはじき出す。だから、分母は直近の基準価格、分子に過去1年間の分配金合計を投入する。

そうではなく、実績ベースで考えるのが実績分配金利回り。1年前に購入した投資家が、過去1年間で実際に分配金を手にしたという考え方にもとづく。分母に1年前の基準価格を、分子にはこの1年間の分配金を代入して求める。この方法がもっともポピュラーで、日経電子版でもこの利回りを掲載している。

●投資家に最適な利回りを計算してみる

しかし、投資家の目線で一番好ましい算出方法は別にある。それが分配金再投資利回りだ。この方法は、基準価格の変動と分配金の利回りを

図A　12月に買うなら利回りをどう計算する?

決算月	基準価格	分配金
1月	10000円	30円
2月	10050円	30円
3月	10100円	30円
4月	10150円	30円
5月	10050円	30円
6月	9900円	30円
7月	9800円	50円
8月	9850円	50円
9月	9700円	50円
10月	9600円	50円
11月	9550円	50円
12月	9500円	50円

直近重視型

12月の分配金×12回÷1年前の基準価格
→ 50円×12回÷10000円＝**6%**

実績分配金利回り

1年間の分配金÷1年前の基準価格
→ 480円÷10000円＝**4.8%**

想定分配金利回り

1年間の分配金÷直近の基準価格
→ 480円÷9500円＝**5.1%**

〈再投資利回りと正味分配金利回りとは〉

A 分配金再投資額＝
　分配金×基準価格の期間変動率
B 毎月の基準価格に(A)を積算、
　再投資後基準価格を算出
C (B)÷基準価格で再投資利回りを算出
D 基準価格の単純騰落率を計算
E (C)－(D)で分配金正味利回りを算出

別々に分けて算出する。資産内容の変動をきちんと分析できる点ですぐれており、難解だが理解にチャレンジしてみよう。

ポイントは、分配金が前月末と当月末の間の決算期末に出されている点だ。分配金を再投資したとすれば、決算期末から当月末までの間に分配金を運用したシミュレーション結果を加える必要がある。運用結果＝基準価格の変動率なので、それに分配金をかけ合わせると再投資後の分配金が出てくる。これを期末の基準価格に加え、積算していく。最後に基準価格の単純騰落率を算出してくらべると分配金の正味の利回りが出てくる。

毎月分配は決算期と月末がずれている上、基準価格も同時に動くので正味の利回りが見えにくい。脱デフレに向かっているとはいえ、依然日本は超低金利。コンマ１％の利回りが長期運用力の格差につながる。精緻《せいち》な利回り計算は、そのまま資産運用の基礎力になると考えてほしい。

CASE 20

投信に割高、割安はない

POINT

投信の基準価格は、株価とまったく異なる概念。1万円超でも割高ではないし、1万円割れでも割安ではない。誤解しないようにしよう。

陥りやすさ ■■□□□
タイプ 初級者
運用スパン 短期〜中期

✕ あなたはこうして失敗する

投信には値段がある。基準価格である。株価と同じようなもので、受益証券1口当たりの値段だ。予算100万円であなたは投信を購入しようとしている。評判の「さわかめファンド」(仮称)が見つかった。基準価格は1万5000円を超えている。新規設定時に1万円だったことを考えると買われすぎだし、100万円÷1万5000円で66口くらいしか買えない。ちょっと割高だ。敬遠しよう。

もう少し割安になったファンドはないだろうか。設定時の元本を割り込んだ投信ははいて捨てるほどあるが、その中で基準価格が6000円になった「やりすぎファンド」（仮称）に目をつけた。この水準から2割も3割も下がることはあるまい。そう思って、あなたは虎の子の100万円で166口を購入した。さわかめファンドの2・5倍も購入できた計算だ。割安になった投信を大量購入して満足げだ。

ところが思惑は外れた。やりすぎファンドの基準価格は5000円を割り込み、あなたは含み損を抱えた。さわかめファンドは1万6000円に一段と上昇した。

○これだけは知っておこう

●基準価格の高い投信は資産内容が優良かも

株式あるいは債券や一般的な金融商品の場合、実態以上に上昇すると、割高という考えから売られるときがある。投信も設定時の基準価格が1万円なので、株式のみなし額面あるいは公募価格よろしく、1万円を上回ると「高い」という印象を抱いてしまう。逆に1万円を下回るとお買い得感が出てきた、と感じてしまう。

だが、投信の基準価格は資産価値を受益証券の数で割った数値に過ぎないので、割高や割安というモノサシは当てはまらない。それどころか、ケースバイケースだが、基準価格が高い方が良い投信であることもある。基準価格が1万円を超えた理由を考えると、資産内容が優良だからだ。株式で言えば、成長株を多く組み入れているのかもしれない。また、そういう資産を選択して組み入れたファンドマネジャーが優秀なのかもしれない。来年はさらに資産がふくらむ期待が高まる。

逆に、元本を割ったのは組み入れた資産が下がったからだ。先ほどとは逆で、資産の選別を誤った可能性がある。ファンドマネジャーのセンスが悪いという可能性もある。その延長で考えると、資産の増加＝運用成績の向上は期待しにくいという判断に行き着く。

投信の仕組みを理解していればこのように誤解は防げるのだが、一部の投資家は勘違いしているようだ。日経電子版「投信発掘ツール」でまず、累積リターンが1年でも3年でもプラスの運用成績の安定したファンドを選ぶ。2013年末時点で2720本ある。この中で、純資産総額が半年間で増えたにもかかわらず、口数が減ったファンドが667本あった。運用が好調で資産が増えているのに解約している人がいると推測されるわけだ。うち383本は、基準価格が1万円を超えていた。

逆も真なりで、運用成績が良くないのに買う人がいる。1年、3年とも成績がマイナスで、直近6カ月で純資産が減っているのに口数が増えているファンドが5本あった。中には基準価格413円、設定来の利回りがマイナス96%というにわかに信じがたいファンドもあった。

こういう状況をながめていると、やはり投信基準価格＝株価と混同している人が少なくないのではないか、と心配してしまう。13年は証券税制の優遇措置が切れる特殊な要因もあって解約が増えたかもしれないが、投信は基本的に基準価格が高い（＝運用成績が良い）ものほどお値打ちだと考えるべし。株式の「割安感」「割高感」という発想は捨ててほしい。

CASE 21

REITは分散投資にあらず

POINT

大人気のREIT（不動産投資信託）。市場での位置づけは代替投資、ファンド・オブ・ファンズなどだが、分散投資の効果はほとんど得られない。

陥りやすさ ■■■■□

タイプ 初〜中級者

運用スパン 短期〜中期

✕ あなたはこうして失敗する

不動産投資信託、いわゆるREITが株式市場で人気を集めている。REITはNISAの対象なので、保有すれば税制上の利点が大きい。金融機関でたずねてみたら、REITで運用する投信も品ぞろえが多いとか。日経電子版の「投信発掘ツール」で探すと、確かに純資産総額の上位には「REIT型」投信がずらりと顔を並べる。株式や債券と異なり、いわゆる代替投資としての位置づけらしく、パンフレットには「ファンド・オブ・ファンズ」と書かれている。

序章で解説したが、資産運用の極意は「分ける」ことだ。不動産株を買うより、不動産を対象にしたREIT投信の方が間違いなくリスク分散効果を期待できる。しかも、分配金利回りも3～4％と株式配当を上回る商品が多い。

あなたはREITを50万円分、REIT型投信を50万円分、NISAの枠いっぱい購入した。だが、その後景気が踊り場に入ると、株式相場が調整色を強めた。すると不動産株が調整し始め、REITもじりじり下落。結局2年後に元本を割り込んだ。分配金が高いので含み損はわずか。傷は浅い。だが、釈然としない。REITにほとんど分散効果が出なかったからである。

○これだけは知っておこう

●不動産株とREITとREIT投信は連動する

答えを先に言うと、REITを買っても分散投資の効果はほとんどない。不動産株とREITはほぼ同じ値動きを示すし、REIT型投信も当然連動する。そして、この中で一番損をしやすいのはREIT型投信の購入者である。

図Aは、長期間の株式相場全体の動きと大手不動産株、それにREIT全体の値動きを示す東証ＲＥＩＴ指数の動きだ。ケース01で説明した相関係数（β）はほぼ1、つまり連動している。開発などを手がける不動産会社と、不動産賃料などをもとにしたＲＥＩＴとは似て非なるものだが、投資マネーの出どころは同じなのだ。海外投資家がリスク資産の圧縮を決めたら、株式もＲＥＩＴも同時に売りが出る。

●ファンド・オブ・ファンズは運用コストがかかる

世界のＲＥＩＴで運用する投信は、各国のファンダメンタルズを反映するから、それなりに分散効果がはたらく。もっとも、運用コストもかかる。一般に世界の

図A　REITも不動産株も値動きはほぼ同じ

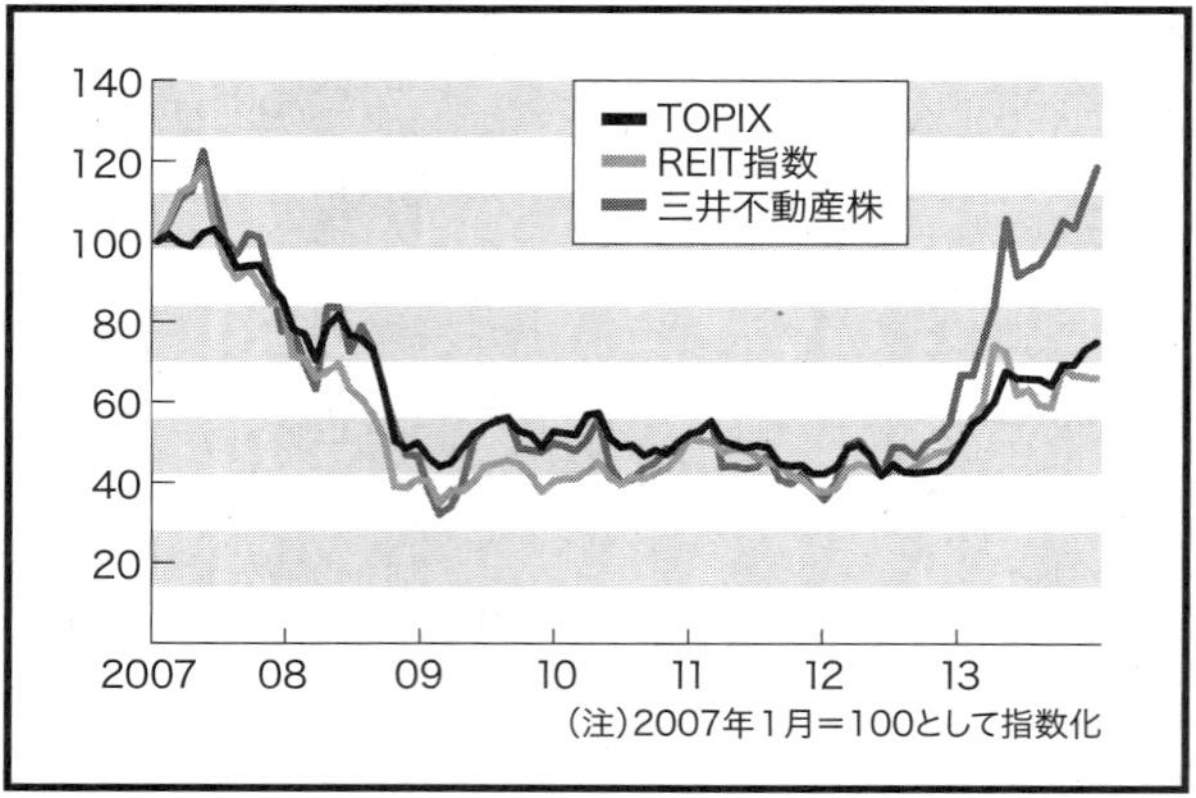

（注）2007年1月＝100として指数化

マーケットで運用する投信はファンド・オブ・ファンズの形をとる。日本のファンドマネジャーが各国の市場を細かくモニタリングできないから、世界の運用会社と手を組み、運用を一任する。要は世界の運用会社が作ったファンドに投資するのだ。

たとえばアメリカ社が運用するアメリカREIT、ドイツ社が運用するドイツREIT、インド社が運用するインドREITがあったとすれば、日本で作ったファンドの資金を3分の1ずつ振り分ける。ファンドに投資するファンドなのでファンド・オブ・ファンズ。流通の一次卸、二次卸、あるいはゼネコンの下請け、孫請けよろしくそれぞれで費用が発生する。負担するのは個人投資家だ。株式やREITとの類似商品の比較を図Bにまとめたので参考にしてほしい。

図B　三つの類似商品をくらべると……

	不動産株	REIT	REIT投信
種類	株式	上場投信	投信
配当	安い	高い	高い
保有コスト	低い	低い	高い
価格変動	大きい	やや大きい〜普通	普通

(注)大まかな目安

CASE 22

投信は中古・賞味期限切れにチャンスあり

POINT

料理は旬の素材を食し、ファッションは最先端を追え。そして投信は賞味期限切れを狙え。運用実績が3年以上あるファンドから選ぶべし。

陥りやすさ ■■■■■

タイプ 初〜中級者

運用スパン 中期〜長期

✕ あなたはこうして失敗する

旬の食材を使った料理はおいしい。流行の最先端を追うファッションはイケてる。同じ発想で「今、話題のテーマで投信を選んでみよう」と考えると、販売会社の思うツボだ。投信はピカピカの商品を選択してはいけない。

「売り手」の身になって考えてほしい。どうやったら売りやすいだろうか。どんな商品なら投資家は気前よく資金を投じてくれるだろうか。筆者が販売スタッフだったら、次の二つの条件を満たす商品を手がける。

・はやりのテーマを対象にしている。

・新規設定に限る。

旬のテーマを扱ったファンドは売りやすい。話題性があるしメディアでも取り上げられる。さしずめ2014年なら東京五輪、「アベノミクス」厳選ファンド、脱デフレあたりだろうか。うまく丸め込めそうだ。

○これだけは知っておこう

●大量に製造される同タイプの商品

日本では、特定のテーマが浮上すると、雨後のタケノコのように同じタイプの投信がほぼ同じ時期に生まれる。販売・運用会社が好機を逃すなとばかり新ファンド立案に走るためだ。例えば、1999年のITバブル時の情報技術関連投信の大量設定。古くはバイオ、最近では好配当、あるいは女性力にスポットライトを当てたウーマノミクスなど、さまざまなテーマが泡のように生まれては消え、消えては生まれた。

金太郎アメのように同タイプのファンドが大量に製造されると、原市場がなんらかのきっかけで変調をきたした際に、どの投信もいっせいに悪影響を受ける。例えば、

07年後半からは湾岸諸国の開発ラッシュなどを背景に中東・アフリカ系ファンドが相次いで生まれたが、まもなく基準価格が半分になった。サブプライムローンで沸いたころに人気化した金融株ファンドは、リーマンショック後に4～5割も基準価格が下がった。特定のテーマにスポットライトを当てたファンドは用心した方が良い。

●新商品は運用力の拙さをごまかせる

新規設定ファンドも売り手にとって都合が良い。投信の評価軸はすべて過去を向いている点で、株式と決定的に異なる。投信はシャープレシオや累積リターン、資金流入など実績のみで選別する。「将来純資産が減りそうだ」「腕利きのスタッフが運用しそうだ」「来年の運用成績は5％程度の見通し」など、予想が基準になることはありえない。

でも、過去の運用成績を見ると、ほとんどのファンドがボロボロだ。胸を張ってすすめられる無傷の商品はほとんどない。株式はどうだろうか。こちらは未来に選択の力点が置かれる。「将来利益が伸びるか」「経営ビジョンは？」「手元資金の使途は……」といったあんばいだ。

ところが、投信の中で唯一、株式と同じように「未来志向」を前面に押し出し、過去の実績を無視して売れるファンドが存在する。それが新規設定ファンドである。販売担当者は運用の失敗や過去の評価を気にせず、未来だけを向いて「この投信は今注目の○×をテーマにしています」とPRできる。こりゃあ売りやすい。あなたが担当者のセールストークを聞いて将来性に胸を躍らせたりしたのであれば、すっかり相手の術中にはまっている。

●個人投資家の評価も参考に

投信業界の取材に行くと、決まって運用担当役員から言われた。「半年や1年で投信を評価してほしくない。最低3年、できれば5年は保有してほしいね」と。保有期間が長いほどプロの運用力をアピールできると思っているのか、手数料をふんだくれると思っているのか、腹の内は定かではないが、客観的なデータを見る限り、大半の投信は運用期間が長期化するほど成績が悪化している。

実績のない新商品には手を出さず、最低3年以上経過した中古の市場から掘り当てることだ。自然淘汰と言うと語弊《ごへい》があるかもしれないが、3~5年間待てば、成績面で信頼できる商品が自然にふるいにかけられるはずだ。

世界の市場はほぼ3年おきに大きな変動に直面している。98年の通貨・金融危機、

01年秋の米同時テロ。05年は日本株の歴史的な高騰。投信の真の実力を吟味する上でも、大きな変動局面に一度突き当たったことがあるファンドが安心だ。相場観はむろん、対応のスピード、ポートフォリオの入れ替えなど運用の巧拙がはっきりと出る。

同じ個人投資家の意見や評価も参考になる。図Aは投信ブロガーが選んだベスト・ファンド。運用コストが非常に安い中古ファンドが並び、リターンも安定している。検討の余地はありそうだ。賞味期限の切れた中古市場にこそ、良い商品が眠っている。

図A　投信ブロガーが選んだ「ファンド・オブ・ザ・イヤー2013」

順位	ファンド名	運用会社	運用費用	設定
1	バンガード・トータル・ワールド・ストックETF	バンガード	0.190%	2008年6月
2	ニッセイ日経225インデックスファンド	ニッセイ	0.260%	2004年1月
3	結い2101	鎌倉	1.050%	2010年3月
4	外国株式インデックスe	三井住友トラスト	0.525%	2010年4月
5	ひふみ投信	レオス	1.029%	2008年10月

（注）運用費用は信託報酬や運用管理費用など。2013年末時点の最新資料

CASE 23

知らぬ間に「投機」信託を買ってはいないか

POINT

知らぬが仏のあなた、「投機」信託を「投資」信託と思い込んでせっせと買っている。その商品が抱えているリスクを正しく理解しているだろうか。

陥りやすさ	■■■□□
タイプ	初〜中級者
運用スパン	中期〜長期

✕ あなたはこうして失敗する

フグは食いたし命は惜しし――。フグはおいしいから食べたいけれど、毒に当たって死ぬのはいやだ、という格言である。ポイントは、食べる人がフグには毒があることを知っているという点だ。知っていて、食べるか食べまいかを選択する悩みを表現している。

では、フグだと知らなかったらどうだろう。「うまい魚だよ」と出されて、あの世に逝ったら「不運だった」では救われまい。

今の投信市場でこんなことが起きてはいまいか。例えば、ある航空会社が資金繰りに不安が発生し、資金調達のために社債を発行するとしよう。格付けは、投機的水準とされる「B」（シングルB）である。食指は動くだろうか。もう一例。大手ノンバンクが上限金利規制の影響で資金繰りが苦しくなり、社債発行を決めた。格付けはさらに信用不安があるとされる「CCC」（トリプルC）。もちろん利回りは飛び抜けて高い。

高利回りは欲しし、破綻は恐し――と選択に悩むというより、堅実な日本の投資家、あるいは初心者であれば迷わず敬遠すると思うがどうだろうか。

これだけは知っておこう

●投信の中の投信、ハイ・イールド型ファンド

図Aは、有力な海外債券ファンドの説明書からデータを抜粋し、加工したものだ。絶大な人気を集めている「ハイ・イールド型」ファンドである。この手のファンドの特徴は、投資対象の大部分をBB、B、CCCなどの低格付けの債券で運用している点である。

格付けの定義を図Bにまとめた。BBBとBBの間には大きな線引きがあって、BB以下は機関投資家が一般に投資対象から外すとされる「投機的水準」である。格付けの低い企業や政府、自治体などの債券をたばねて運用するから、投資信託というより「投機」信託ではないかと揶揄《やゆ》してみたくなる。ところが近年、個人投資家はこの手の投信にじゃんじゃん資金を注ぎ込んでいるからたまげる。

もちろん、ファンドの商品性を非難しているわけではない。むしろ感心している。腐る直前の果物が完熟して一番おいしいように、がけっぷちの企業の債券は利回り(イールド)が高い(ハイ)。といって、すぐに倒産するわけではない。100銘柄に1億円ずつ投資し、単純利回りが10%としよう。1年後に10億円のインカムゲインを得られる。5社が破

図A　人気ファンドの債券格付け分布状況

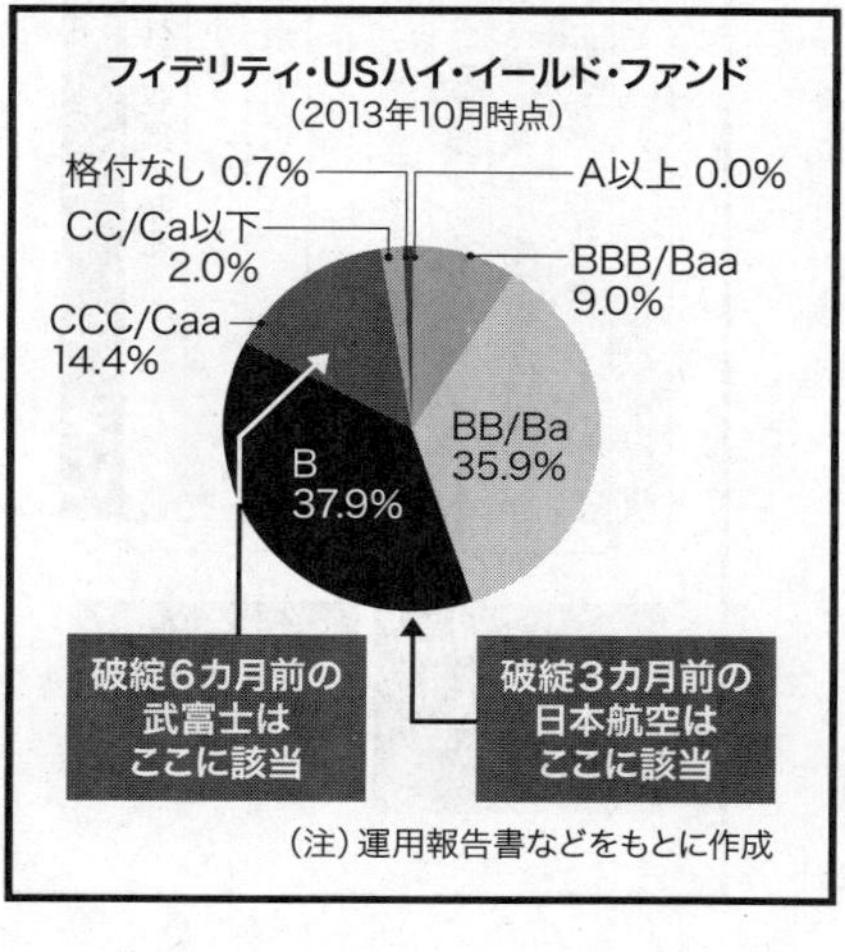

図B　格付けの定義
（格付投資情報センター（R&I））

格付け	格付けの定義
AAA	信用力はもっとも高く、多くのすぐれた要素がある
AA	信用力は極めて高く、すぐれた要素がある
A	信用力は高く、部分的にすぐれた要素がある
BBB	信用力は十分であるが、将来環境が大きく変化する場合、注意すべき要素がある
BB	信用力は当面問題ないが、将来環境が変化する場合、十分注意すべき要素がある
B	信用力に問題があり、絶えず注意すべき要素がある
CCC	信用力に重大な問題があり、金融債務が不履行に陥る懸念が強い
CC	発行体のすべての金融債務が不履行に陥る懸念が強い
D	発行体のすべての金融債務が不履行に陥っているとR&Iが判断する格付け

（AAA〜BBB）日本企業の大半はこの区分

（BB〜D）ハイ・イールド債券型ファンドの投資先は主にこの区分

綻して95銘柄になったら95社×10％＝9・5億円。5社分の元本にあたる5億円すべてを失っても、差し引き4・5億円が残る。利回りは4・5％だ。多くの銘柄への分散で損失を軽減できる。

少額の資金を集めてファンドにし、銘柄分散でリスクヘッジして高いインカムゲインを得る仕組みは、投信の中の投信と言える。

筆者が心配しているのは、あなたがこの商品に惜しみなく退職金を投入しているのはなぜなのか、ということだ。日本最大級の投信「グローバル・ソブリン・オープン」（グロソブ）は、格付けの高いA格以上の政府系債券に投資している。グロソブも分配金が魅力、分配金が高いハイ・イールド型投信はもっと魅力――と商品性を理解せず、グロソブの延長線上で虎の子の資金を投じてはいないだろうか。

先日、知人にこの話を説明したら、「高配当の投信は危ないなあ」とわかったようなわからないような反応だった。

株式の高（好）配当型投信は、投資先が優良で安定してキャッシュを稼ぐので高配当になる。債券の高（好）配当は投資先の財務内容がよろしくないので高い利払いを求められ高（好）配当になる。性格が正反対なので勘違いしないように。念のため。

4章

投資尺度を不十分な理解で使うな

「やさしい株式投資入門」といった事始め的な書籍を見ると、いつも不安が募る。うわべだけの知識をおぼえて、基本くらいはマスターしたと思い込んでしまうケースがあるからだ。典型例は、投資指標を使った銘柄選び。モノサシは、意味をおぼえるだけではなく、使う状況とタイミングを正確に判断しなければならない。

この章ではPER、PBR、ROEなど、銘柄選びの基礎となる投資尺度を取り上げる。多くの個人投資家が陥りやすい失敗例をあげて、その本質を理解できるように解説を試みた。また、銘柄選びに欠かせないお宝データの活用術や株式市場固有のクセにも触れている。投資尺度の応用力がかなり高まり、FPの試験対策などにも力を発揮するだろう。

CASE 24

高PERを嫌って宝がポロリ

POINT

「高PER（株価収益率）＝割高」と考えていると、有望株が手元からするりと抜け落ちる。逆に、「低PER＝割安」ととらえると、業績が悪化する銘柄をつかむことも。

陥りやすさ ■■■■□
タ イ プ 初〜中級者
運用スパン 短期〜長期

✕ あなたはこうして失敗する

ＰＥＲは株価の割安度を判定する基本的な投資尺度で、株価を１株当たりの利益で割って求める（図Ａ）。ＰＥＲが高いと割高で、低いと割安。日本がバブル経済だった１９９０年前後の予想ＰＥＲは50倍、80倍がザラで、１００倍を超える銘柄も少なくなかった。

この異常な高ＰＥＲは10年以上もの長い歳月をかけて、日経平均株価が史上最高値の３万８９１５円から１万円割れへ水準訂正する形で是正されていった。日本経済新聞朝刊マーケット面には、日経平均に採用している銘柄の予想PERの平均値が掲載されている。最近は16~18倍前後。今では国際的に見て突出した水準ではなくなった。

さあ、あなたは成長株探しに奮闘している。当然、好業績銘柄の中から選びたいが、割高な銘柄は敬遠したい。PERで分類するとして、どのあたりの倍率を割高・割安の分かれ目と考えればよいだろうか。

真剣にこの問いの答えを考えていただいても、残念ながら正解にはたどりつけない。引っかけるつもりは毛頭ないのだが、実は成長株探しにPERは使わない。PERで割高な銘柄をはじくと、成長株もいっしょに除外されるからだ。

図A　PERの計算方法

EPSは1株当たりの利益で、企業の収益力を見る基本のモノサシ

$$\text{EPS(円)} = \frac{\text{税引き後利益}}{\text{発行済み株式数}} \times 100$$

PERは株価がEPSの何倍まで買われているかを見る、
成長性と割安感を測る基本のモノサシ

$$\text{PER(倍)} = \frac{\text{株価}}{\text{EPS}} \times 100$$

$$\text{PER(倍)} = \frac{\text{時価総額}}{\text{純利益}} \times 100$$

※分子と分母に株式数を積算した場合

○これだけは知っておこう

●高PERが正当化されるグロース株

論より証拠。コロプラ株を使って説明しよう。スマホゲーム「魔法使いと黒猫のウィズ」でブレイク。業績は倍々の勢いで拡大している。株価（株式分割考慮後）は1年間で10倍になった。売買代金は時価総額で数十倍のトヨタ自動車株やソフトバンク株を一時上回るなど、一躍市場の主役に躍り出た。PERは2013年末時点で50倍を超えている。

コロプラの今期業績は税引き後利益が2・1倍になる。もし、この拡大テンポが来期、再来期も続いた場合にはどうなるか。利益がもう2倍になれば、1株利益も2倍になるからPERは半分に低下する。再来期も2倍になれば、PERはその2分の1にまで低下する。皮算用にすぎないが、現実になればPERは13倍まで低下し、市場平均を下回る。高い成長を織り込もうとすると、PERも当然高くなるわけだ。

図B　コロプラの単独税引き後利益

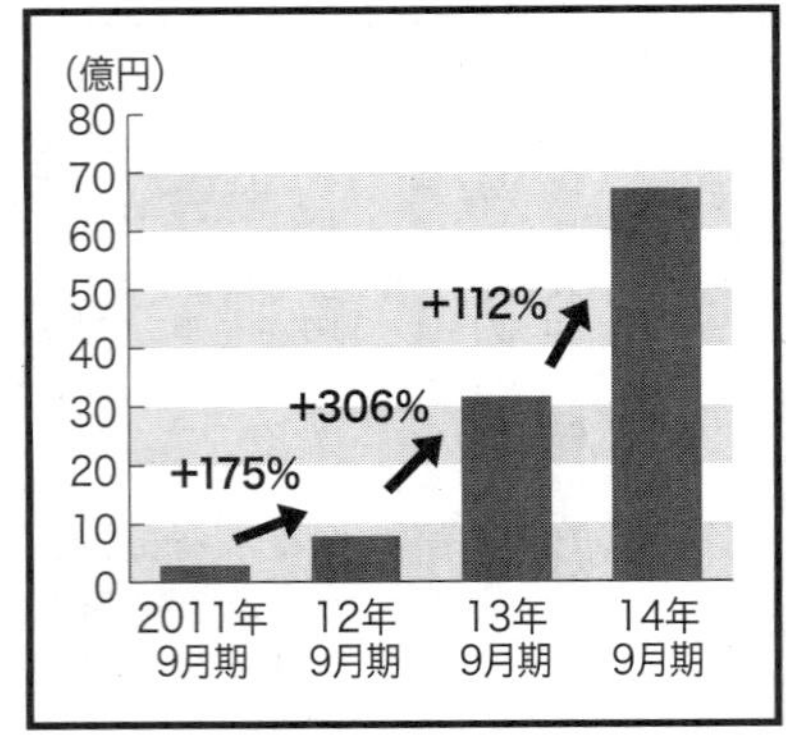

こういうケースはほかの業種でも頻繁に見られる。ネット通販の「ZOZOTOWN」を手がけるスタートトゥデイもPERが50倍近辺まで切り上がり、百貨店やスーパーの水準とは一線を画している。スタートトゥデイもこの5年、4～7割前後の高い成長を維持してきており、市場は2年先、3年先の業績まで織り込もうとしているわけだ。

こうした銘柄をグロース株と呼ぶことがある。産業構造の変化などを背景としたビジネスモデルを武器にする企業だ。景気循環との相関性が薄く、マクロ経済の変動にかかわりなく利益成長が長期間続く。

PERが高いから割高とは言わない。PERでふるいにかけると、グロース株を真っ先に除外してしまうことになりかねない。

ただし、重要なリスク要因がある。ビジネスモデルが通用しなくなる時期がふいに訪れることだ。優良企業の

図C　高PER株が正当化されるケース

コロプラが10割増益を2年続けた場合でシミュレーション

今期業績前提のPER	52.3倍
↓ 10割増益	52.3÷2＝26.2倍
来期業績前提のPER	26.2倍
↓ 10割増益	26.2÷2＝13.1倍
再来期前提のPER	13.1倍
日経平均採用銘柄の平均PER	16～18倍

多かったカーナビメーカーはスマホに需要を奪われ、危機に瀕している。外食チェーンはコンビニ経済圏に浸食され、縮小均衡を続けている。そのとき、高PERは正当化されなくなり、「割高」の評価に一変する。

低PERのケースでも同じ。PERが10倍＝割安ではない。業績が下方修正されて1株利益が半分になれば、PERは一瞬で20倍になるからだ。

●配当も同じ考え

このように、PERの本質的な部分を理解していないと、割高だと思って高成長株を捨ててしまったり、業績懸念を抱える銘柄を割安株と思ってつかんでしまう。

同じ理屈が配当利回りにも当てはまる。

図D　配当利回りと配当性向の定義

配当利回りは株価に対する配当の割合で、
インカムゲインの魅力を見る基本のモノサシ

$$\text{配当利回り(\%)} = \frac{\text{配当}}{\text{株価}} \times 100$$

配当性向は、経営者が利益のうち配当を
どれだけ株主に配分したかを見る基本のモノサシ

$$\text{配当性向(\%)} = \frac{\text{配当}}{\text{税引き後利益}} \times 100$$

配当利回りは予想配当÷株価で求める（図D）が、配当も一定という保証はどこにもない。配当利回りが1％程度と低くても、増配すれば2％に上がるかもしれない。逆に、「3％だから配当妙味がある」と飛びついても、減配、無配になれば幻想に終わってしまう。

高利回りでも分母の株価が下がっていれば、「業績悪化懸念→減配」というシナリオを考えよう。逆に低利回りなら、「株高の理由分析→業績拡大→増配」の可能性を念頭に置こう。

日経電子版「銘柄発掘ツール」を使う場合は、増収増益銘柄を最初の条件に選んで母集団を作ることが必須だ。そこから高PER銘柄を絞り込めば成長株が引っかかる

図E　PERを分解すると本質がわかる

$$\text{PER（倍）} = \underset{A}{\frac{\text{株価}}{\text{EPS}}} = \underset{B}{\frac{\text{配当}}{\text{EPS}}} \times \underset{C}{\frac{\text{株価}}{\text{配当}}}$$

A　PERの基本的な公式
B　1株利益のうちどれだけ配当に回したかを示す配当性向
C　配当利回りの逆数

〈つまり変形すると……〉

$$\underset{A}{\frac{\text{株価}}{\text{EPS}}} = \underset{B}{\frac{\text{配当}}{\text{EPS}}} \div \underset{C}{\frac{\text{配当}}{\text{株価}}}$$

〈なので……〉　PER ＝ 配当性向 ÷ 配当利回り

例えば、配当性向30％、配当利回り1.5％の企業なら
0.3÷0.015＝**20**　PER＝**20倍**

かもしれないし、低ＰＥＲ株であれば割安株を抽出できるだろう。

ＰＥＲの公式を変形（図Ｅ）していくと、配当性向を配当利回りで割った値と等しくなる。配当性向が増えるか、増やそうという期待がある場合は、ＰＥＲが高くなる。配当性向は税引き後利益のうち株主に配分する割合を指す。ありていに言えば、もうけの分け前。分け前の増加は株主にとって都合の良い材料なので、株価は上がる。株価が上がるのでＰＥＲは高くなる。逆に、分母である配当利回りが低いとＰＥＲは高くなる。

CASE 25

ROE、過ぎたるはなお及ばざるがごとし

POINT

投資判断の最重要指標。低すぎる企業は問題があるが、高すぎる企業も問題がある。ほどほどがよろしい。

陥りやすさ ■■■■□

タイプ 初〜中級者

運用スパン 中期〜長期

✕ あなたはこうして失敗する

自己資本を使ってどの程度もうけたかを示す自己資本利益率（ROE、図A）は、投資尺度の重要性とその奥深さ、難解さでナンバーワンだろう。外国人投資家や日本の年金は、ROEが一定の水準を満たさないと、毎年の株主総会で経営陣の提案に「NO」を突きつけ、取締役会の再任・選任などの決議に肯定的な判断をしないこともある。

優良企業で構成する新指数「JPX日経インデックス400」は、定量的なものさしとしてROEを使う。ROEはもともと輸入品。企業統治が完成していた欧米で執

行陣を評価するわかりやすい投資尺度だった。

日本でも経営目標にROEを導入する企業が増えている。上場企業の平均は6~8%前後。10~20%を達成している米国や中国とくらべて低いが、ROE向上が定着したのは望ましい。高ROE企業は世界の投資家から評価される。

ところが、高ROEから優先的に選ぶと案の定トラップに引っかかる。財務面で不安のある企業だったり、優良企業を見逃してしまったりする。

これだけは知っておこう

●2種類の高ROE企業

純利益が同じ100億円の2社（図B）を考える。A社のROEは50%。もう一つは10%のB社。さて、第一印象であなたはどちらを投資先に選ぶ？

図A　ROEの定義

ROEとは、調達資本（元手）を使って
いかに効率良く稼いでいるかを測るモノサシ

$$\text{ROE}(\%) = \frac{\text{税引き後利益}}{\text{自己資本}} \times 100$$

単純に考えるなら50％のA社と即答するかもしれない。

けれども、A社がもし多額の有利子負債を抱えており、自己資本が極端に少なかったとすればどうだろうか。むしろ、A社は財務面で不健全ということになる。

一方、意図的に他人資本（借入金）を増やし、自己資本を少なくして「財務レバレッジを利かせる」経営手法をとっている企業もある。メリットはタックスシールド（節税効果）。自己資本をいくら増やしても税制面で優遇されない

図B　高ROEの落とし穴

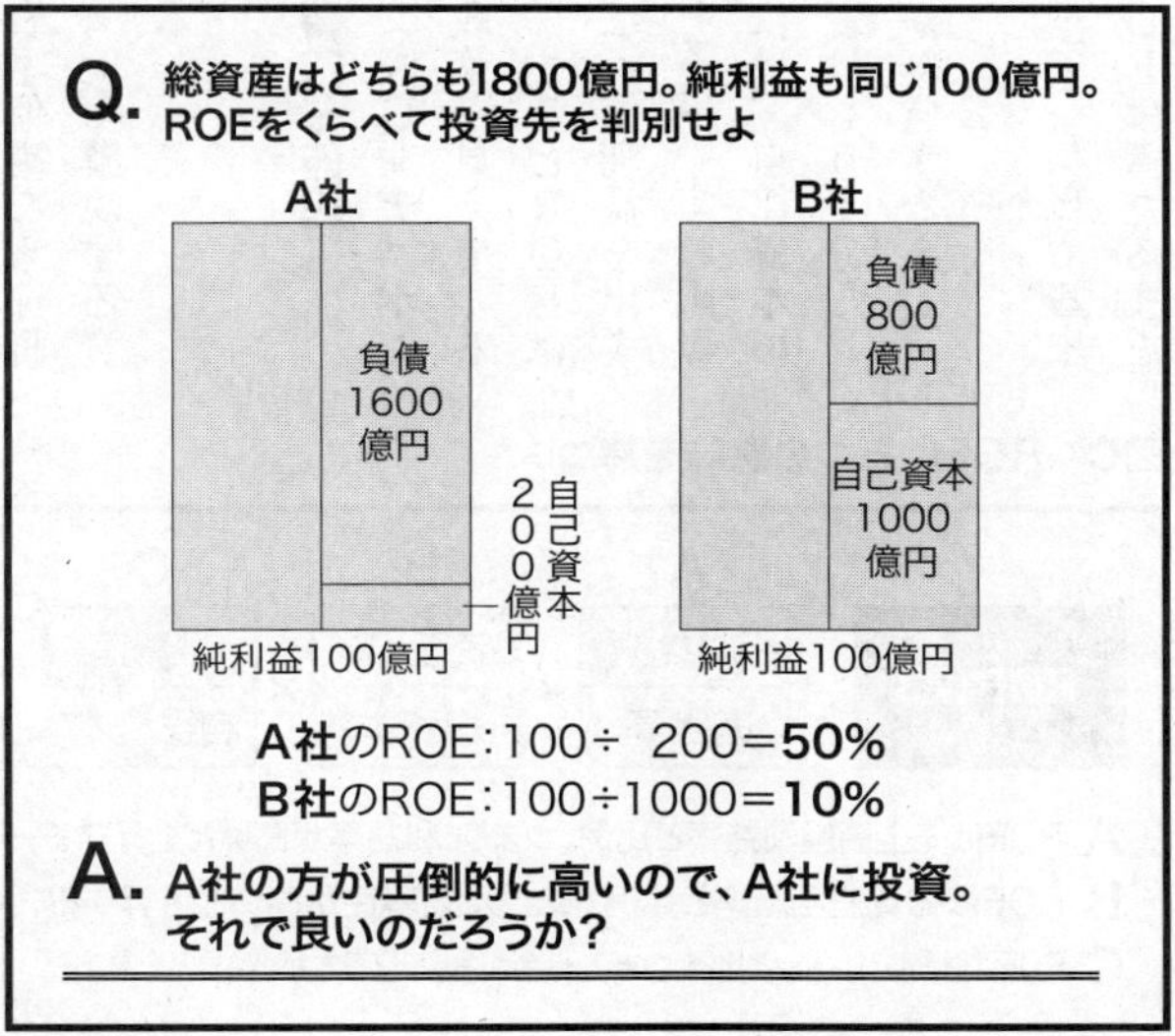

Q. 総資産はどちらも1800億円。純利益も同じ100億円。
ROEをくらべて投資先を判別せよ
A社
負債
1600
億円
自己資本
200億円
純利益100億円
B社
負債
800
億円
自己資本
1000
億円
純利益100億円
A社のROE：100÷ 200＝50%
B社のROE：100÷1000＝10%
A. A社の方が圧倒的に高いので、A社に投資。
それで良いのだろうか？

が、利払いは損金算入が可能。他人資本偏重なら節税メリットが大きくなるわけだ。ケース34で解説する資本コストのプレッシャーも小さくなる。

●ROEは雪だるま、増配や自社株買いを期待

ROEは三つの指標の積算で構成（図C＝デュポン分解）され、企業の強みや弱点、資本政策が見えてくる。

利益が増えると自己資本が増える。するとROEは下がってしまう。そこでもっとがんばって利益を出す。また自己資本が増える。このプロセスはいずれ限界を迎える。ROEを高い水準で保つには、自己資本の増加を抑えないといけない。設備投資はもう十分だし、魅力的なM&A案件はない。あなたが経営者ならどうするか？

雪＝もうけとみなして、雪だるまをこしらえるイメージ（図D）を描いてほしい。ROEは雪だるまを

図C　ROEは三つの意味を持つ

		A		B		C
ROE(%)	＝	税引き後利益 / 売上高	×	売上高 / 総資本	×	総資産 / 自己資本

A ROEは売上高純利益率と比例。つまり、利益率が高いと上昇する

B ROEは総資産回転率と比例。つまり、効率性が高いと上昇する

C ROEは財務レバレッジと比例。つまり、借金が多く自己資本が小さいと上昇する

図D　ROE20%、配当性向30%の場合の持続可能成長率

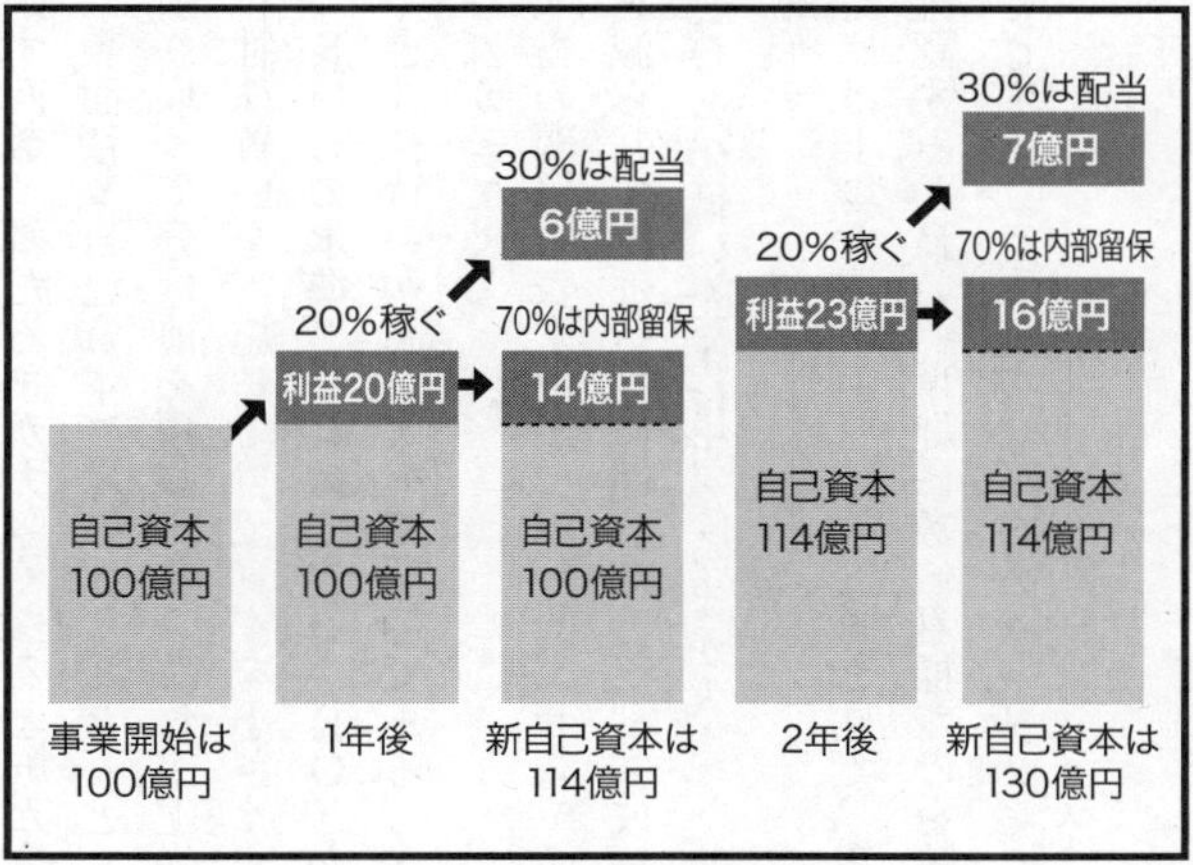

図E　持続可能成長率はROEと配当性向がカギ

サステイナブル成長率（%）＝
ROE ×（1ー配当性向）

●ROEが高い企業は収益力にすぐれるため、
配当は少ない方が成長期待が高まり、魅力が増す
●ROEが低い企業は収益力に劣るため、
会社に残さずに配当に回した方が魅力が増す

1分間で転がす回数。雪だるまが大きくなると転がすのは一苦労だが、回数を維持できさえすれば表面積（自己資本）は拡大してどんどん成長する。その過程で1年に1回その雪を削り取って分け前を頂戴する。これが配当と思えばよい。

あるいは自社株買いを実施して自己資本を小さくする。雪だるまが小さくなって転がす回転数（ROEの水準）は維持できる。ROEが10〜20％前後で安定している企業は、増配や自社株買いが高い確率で期待できる。ケース28で解説するバフェット流投資術にもつながってくる。

ROEと配当の関係を表すのが持続可能（サステイナブル）成長率。ROEの高い企業は配当を減らして内部留保に回した方が利益成長を促すという意味が図Eから読み取れる。ROEの低い企業は雪だるまが大きくなりにくいので、配当をたくさんせびった方が良い。

銘柄選別時には上場企業の中期経営計画を見て、ROEを目標の一つに掲げているかどうかを確認すると良い。単純に数値目標だけを追いかけるのではなく、ROE（三分解）の何を改善しようとしているのかを見極めることが肝要だ。

CASE 26

PBR1倍割れ銘柄にひそむワナ

POINT

PBR1倍割れの割安株にひそむトラップ。株が売られすぎているばかりが、低PBRの原因ではない。バランスシートにひそむウソを見抜け。

陥りやすさ ■■■■□

タイプ 初〜中級者

運用スパン 中期〜長期

✕ あなたはこうして失敗する

2013年末でPBR（株価純資産倍率）1倍を割り込む銘柄は1680社と上場企業全体の半分近くに達している。11年には2500社を超え、その現象の異常さがたびたび市場の話題にのぼった。「アベノミクス」を背景に当時より数は減っているが、依然評価の低い日本株が極めて多い事実に変わりはない。

PBRは株価を1株当たり純資産で割った値（図A）。分子分母それぞれに発行済み株式数をかけると株価は時価総額に、1株当たり純資産は純資産に置き換わる。1

倍なら時価総額＝純資産を示す。つまり、1倍を割り込むとは時価総額＜純資産の状態なのだ。

この状況は買収の格好の標的になる。純資産≒自己資本とみなせば、理屈の上では、投資ファンドなどが会社を丸ごと買収して市場で売ればすぐに利益を出せるからだ。一般企業のM&Aであれば、「負ののれん」として評価益を計上する。だが、そんなおいしい話はありえない。

多数の銘柄が1倍を割り込む状況は異常であり、マーケットの間違いかもしれない。マーケットは常に誤りを起こしているが、一般的には株価の「オーバーシュート」の形で表れる。買われすぎの状態だ。ちなみに、買われすぎの規模が極大化したのが「バブル」とも言える。

1倍割れが誤りだとすれば、早晩1倍に修正する形で株価は戻ると考えられる。そうであるなら、1倍割れ＝割安で絶好の買いの好機に違いない。しかし、数％以下の確率だが、マーケットが正しいときがある。そのときあなたは不幸にしてババをつかむ。

図A　PBRの定義

〈企業の純資産価値に着目し、下回ると一般に割安と判断〉

$$\text{BPS（円）} = \frac{\text{純資産}}{\text{発行済み株式数}} \qquad \text{PBR（倍）} = \frac{\text{株価}}{\text{BPS}}$$

日本航空（JAL）が教訓になる。

○これだけは知っておこう

●株価調整か、バランスシート調整か

PBR1倍割れが間違いの原因は二つある。公式を見ればわかるように、分子の株価か、分母の純資産のどちらかが間違っているのだ。株価のミス、つまりアンダーシュート（売られすぎ）ならば、先ほど説明したように株価はいずれ戻る。ババをつかむのは、市場が正しくて、純資産の方が誤っていたケースだ。仮にPBRが0.5倍だったとすると、正しくは純資産が半分しかないことになる。バランスシートは左右対称。だから、左の表（資産の部）か、右の表（負債の部）のどちらかがウソを表示していることになる。

まず、資産の部が実体を正しく反映していない場合を考えよう（図B参照）。例えば、在庫の価値が目減りし商品価値が低下しているのに、簿価（＝取得原価）のまま計上されていることがある。設備など固定資産に含み損が生じているケースだってある。これらはやがて減損の対象になり、資産が圧縮される形でバランスシートが修正

される。

日本では1990年代後半から00年代半ばにかけて、PBR1倍割れ銘柄が広がったことがある。マーケットが間違っていたのではなく、当時は粉飾まがいのバランスシートが多数存在していたためだ。地価は時価を著しく下回り、巨額の含み損が発生

図B　市場が正しいなら、バランスシートのウソは2パターン

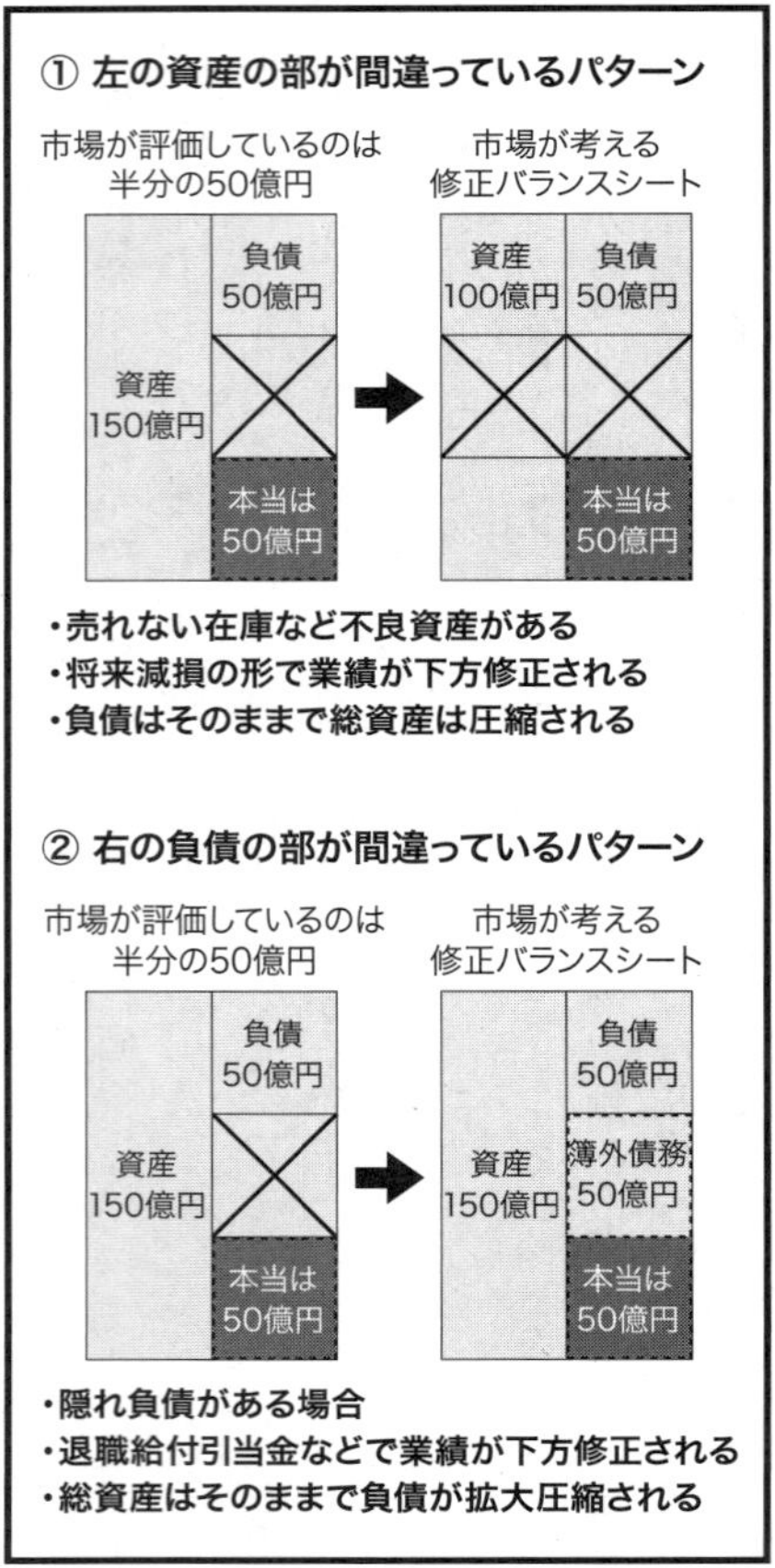
① 左の資産の部が間違っているパターン
市場が評価しているのは半分の50億円
市場が考える修正バランスシート
負債 50億円
資産 150億円
本当は 50億円
資産 100億円
負債 50億円
本当は 50億円
・売れない在庫など不良資産がある
・将来減損の形で業績が下方修正される
・負債はそのままで総資産は圧縮される
② 右の負債の部が間違っているパターン
市場が評価しているのは半分の50億円
市場が考える修正バランスシート
負債 50億円
資産 150億円
本当は 50億円
資産 150億円
負債 50億円
簿外債務 50億円
本当は 50億円
・隠れ負債がある場合
・退職給付引当金などで業績が下方修正される
・総資産はそのままで負債が拡大圧縮される

していたが、バランスシート上は取得原価での開示だった。

実体とかけ離れた財務情報を嫌って株価は低迷。PBRは1倍を割り込んだが、その後、多くの企業が減損処理に踏み切り、バランスシートを修正する「バランスシート調整」が表面化した。最近では会計方針の世界標準化や監査の強化などを背景に、減損は少なくなっている。大きいのはせいぜいのれんの償却ぐらいだろう。

●隠れ債務に用心せよ

もう一つの可能性がバランスシートの右側の調整、つまり負債の部が増える格好で左右が均衡するパターンだ。これは隠れ負債、つまり簿外債務の存在が考えられる。昔はゼネコンや金融機関における債務保証が重視されたが、最近問題視されているのが退職給付債務に対する年金積立不足だ。

JALの顛末は09年秋から10年にかけて話題をさらった。JALが10年2月に提出した四半期報告書には、09年末時点で1562億円の純資産があったと記載されている。

しかし、年金の積立不足、売却予定機材の予想損失などを反映すると、負債が資本を大幅に上回り、企業再生支援機構の試算では実質8400億円の債務超過になった。退職金と企業年金で構成される退職給付債務は８０００億円を超える水準で総資産の半分に近い。年金資産は約４０００億円、退職給付引当金は約１０００億円にとどまっており、約３３００億円の未積立債務を抱えていたという。

年金の積立不足は、将来、従業員に払うべき給与が足りないみたいなものだから、いずれ年金に資産を追加拠出しなければならない。日本の会計基準では、積立不足を開示するだけでよく、バランスシートで認識する必要がない。こうした積立不足分による自己資本の目減りを織り込み、ＰＢＲを押し下げていたと考えられる。

● ROEの改善期待のある銘柄を狙う

図C　PBRを分解するとその性質がわかる

$$\text{PBR（倍）} = \frac{\text{株価}}{\text{BPS}} = \frac{\text{EPS}}{\text{BPS}} \times \frac{\text{株価}}{\text{EPS}}$$

〈EPSとBPSそれぞれに発行済み株式数をかけると〉

$$= \frac{\text{純利益}}{\text{純資産（≒自己資本）}} \times \text{PER}$$

〈なので……〉　PBR ＝ ROE × PER

PBRが低いのはROEかPERのいずれかが低い

➡ 企業はPERをコントロールできないが ROEはコントロールできる

ＰＢＲ１倍割れの銘柄から、できるだけ安全確実に割安株を発掘したい――。そう考えている投資家にとってヒントは、ＰＢＲがＲＯＥとＰＥＲの積で求められる（図Ｃ）ことだ。

ＰＥＲは市場が決める値なのでコントロールできない。だが、ＲＯＥは、企業の自助努力で向上できる。中期経営計画などを調べ、ＲＯＥの向上を目標にしている企業を探す。実行力があれば、ＲＯＥの上昇によってＰＢＲの回復、つまり割安修正が進む可能性がある。

CASE 27

長期保有に向く銘柄を選ぶ——株式投資収益率

POINT

業績のモメンタム（勢い）は重要だが、長期投資の撹乱要素でもある。長期のパフォーマンスを測るためには、配当や株式分割などを加味した株式投資収益率を使え。

陥りやすさ ■■■■□
タイプ 初〜中級者
運用スパン 中期〜長期

✕ あなたはこうして失敗する

投資家のタイプは、時間軸などによって4種類に分かれる。まずデイ・トレーダー。ご存じ1日で何回も売買する短期型の投資家で、薄い値ザヤでも売買回数を増やすことでリターンを高める。二つ目がスイング・トレーダー。数日〜数週間程度の期間で売買を繰り返す。一定の材料が出たら買い、ある程度上がれば売り抜ける。値上がり益追求の投資家だ。

それから長期保有前提の投資家。1年から数年、数十年と保有し続けるタイプ。財産形成のための商品の一つとして株式を選んでいる投資家も多く、値上がり益も求めるし、配当も望む。最後は、株主優待を目的とした日本ならではの投資家だ。

さて、優待制度の利用目的は別にして、初心者が失敗しやすいのが保有期間を考えないで銘柄を選択してしまうことだ。具体的には、長期保有型の投資家がスイング型の視点に立って銘柄を選び、足元をすくわれるケース。スイング・トレーダーは、一定期間にできるだけ値上がり益を追求しようとする。重視するのは業績の変化率とモメンタム（勢い）だ。典型的なのは、業績が赤字から黒字に、または減益から増益に転じる局面で、株価は急反発することがある。

数字のトリックが裏に隠されている。例えば、50億円の利益を出していた企業が、景気後退で半分の25億円になったとする。減益率は50％。ところが、25億円から元の50億円に回復するとき増益率は50％にはならない。１００％＝２倍に拡大する。株価の戻りを追いかける上では、非常にインパクトのある材料になる。景気変動にあわせて利益が浮き沈みする景気循環株は、このようにV字型の回復局面を狙い打ちにすると短期間で効率的にリターンを稼げる。

一方、5年も10年も保有したい投資家は、中長期の成長率と配当を加味した両方のリターンを勘案する必要がある。にもかかわらず、スイング型と同じように足元の増益率の大きさで銘柄を取捨選択してしまう。すると、株価が上がってもまた下がり、何年たってもなかなか資産を生んでくれない。虎の子の資金を寝かし続けるハメになるのだ。

○これだけは知っておこう

●長期のパフォーマンスを測る

株価の期間騰落率だけでなく、配当などの資本政策を加味したリターンを株式投資収益率と呼ぶ。企業は配当や株式分割（古くは無償増資）などさまざまな資本政策を打ち出し、保有資産を増やしてくれる。だが、配当とかんたんに言っても、増配や減配もあるし、記念配もあるし、無配、復配もあって変動が激しい。四半期配当もあり、回数さえまちまちだ。株式分割まで加わると計算は困難だ。だが、中長期保有を前提に銘柄をふるいにかけるには欠かせない評価要素と言える。

日経電子版「日経会社情報」では、3年から20年までの株式投資収益率を提供している。例えば、ユニ・チャーム（図A）はここ3年程度株価も2倍と健闘しているが、20年持っていれば8倍にふくらみ、大いに資産形成に貢献している。

長期的な利益成長と株主還元に積極的な企業は、このように長く持つほど含み益をもたらし、資産形成に一役買うケースが多い。トヨタ自動車や花王など数多いので調べてみるとよい。

逆に株式投資収益率を使うと、長期間持っても期待できそうにない銘柄が推定できる。ソニー、パイオニア、シャープは短期で見ても超長期で見てもリターンはマイナスに沈み、構造不況業種を印象づけている。

これはと思って資金を投じた銘柄が、思惑どおりに利益成長を続けてくれたらさぞかし痛快だろう。一度、株式投資の醍醐味を味わうと、1％未満の預貯金利回りの計算など「何をちまちまと」と思うようになってしまう。景気循環株か成長（グロース）株かを判別し、長期間保有できる有望株をぜひ発掘していただきたい。

図A　ユニ・チャームを20年保有したらリターン730%

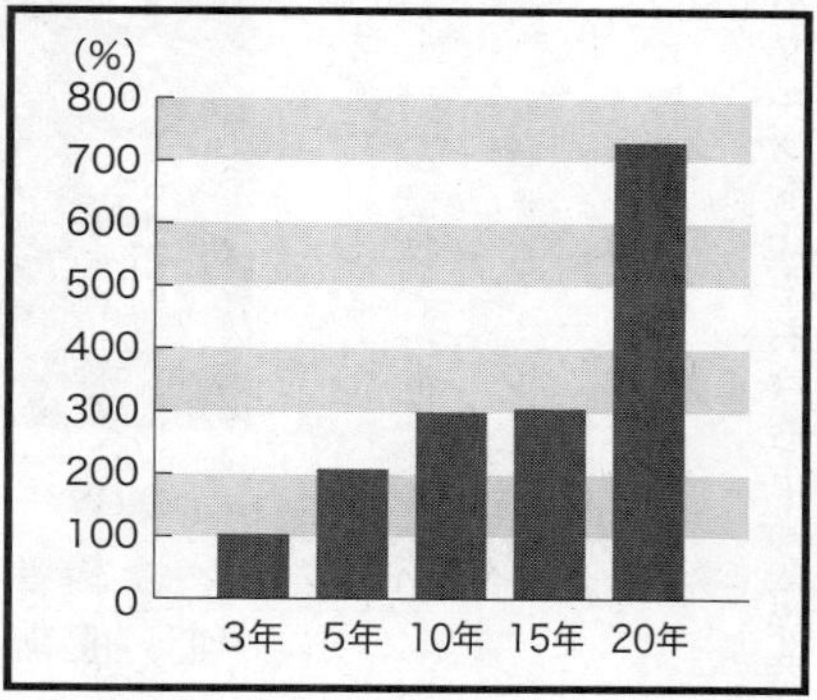

CASE 28

資産6000倍、神様の運用手法への大いなる誤解

POINT

資産を数千倍に増やした伝説の投資家がウォーレン・バフェット氏。彼が投資する「バリュー株」は割安株とは似て非なるものだ。

陥りやすさ ■■■■□

タイプ　初〜上級者

運用スパン　中期〜長期

✕ あなたはこうして失敗する

世界でもっとも名高い投資家としてウォーレン・バフェット氏をあげる市場関係者は少なくない。「オマハの賢人」の異名を持ち、その運用のすばらしさをたたえるエピソードは枚挙にいとまがない。バフェット氏自ら率いる投資会社バークシャー・ハサウェイは、1株純資産を創業以来およそ50年で6000倍に増やした。年率20％近い水準で複利計算したのと同じ成績だ。「常勝」の一言に尽きる。

バフェット氏の運用スタイルはバリュー株投資とも言われる。神様のマネをすれば

きっといいことがある――当然こう考えた。あなたはこの先達の投資術を実践してみようと考え、新聞や雑誌で猛勉強。運用手法は大まかにグロース株投資とバリュー株投資に分かれるらしい。グロース株は産業構造の変化などを背景に利益成長が持続する企業。最近ではスマホ、高齢化などの関連企業だろう。景気循環との相関性は低く、多少PERが割高でも順張り（上値追い）がうまくいくとか。

一方、バリュー株投資は企業価値にくらべて割高か割安かに着目する。割安ならいずれ株価が企業価値に収斂《しゅうれん》（上昇）すると考える。下がったら買う、逆張りの運用が有効と説かれていた。PERやPBRなど投資指標がものを言うから、割安な銘柄をふるいにかけて5銘柄ほど購入した。

1カ月後、株価は上昇。新聞では「出遅れ感からの買いが入った」と解説が書かれていた。あなたのバリュー株投資は見事に的を射止めた。――かのように思ったが、3年、5年とたつうちに再び株価は下がっていき、結局1割ほど損失を抱えたまま塩漬けになってしまった。何がいけなかったのだろうか。

○これだけは知っておこう

●投資指標だけでは測れぬ企業価値

バフェット氏は「私はこの基準で銘柄を選んでいます」などと言わないので、保有株から投資方針を類推するしかない。ハサウェイ社が公表している開示資料などによると、主な保有株はコカ・コーラ、ウォルマート・ストアーズ、IBM、P&Gなど割と誰でも知っている20銘柄程度。ここから何が言えるのだろうか。図Aに筆者の見解として金科玉条をまとめたが、ポイントは「バリュー」の意義づけにある。市場では、割安株という言い方がされるがこれがくせもの。誤って解釈されるケースが大半だ。

クイズを一つ。日用品を扱うG社の株価は1000円である。日用品なので自動車や家電製品と異なり、商品そのものに特別際立った競争力はない。PERは50倍、PBRは5倍だ。さて、投資判断はいかに。

もし、ほかの条件を考えずに投資指標の印象だけから判断すれば、割高と思われる。では、続き。調べたところG社はブランドが消費者に定着している。商品に付加価値は乏しいが、品質の安定感から世界の人口増にともない確実に収益が増えそうだ。10年後に1株利益が5倍になる可能性がある。株価は割高か?

**図A　バフェット氏から盗んだ？
バリュー株発掘7カ条（筆者推定）**

金科玉条
ビジネスの中身が理解できる
ROE20%程度を選好
ネットDEレシオが低い
安定成長力
PBRやPERはさほど重視しない
10数銘柄の厳選・集中投資
中核銘柄と非中核銘柄に分類
要するに……
市場の関心事や一過性の注目イベントは無視
投下資本を効率良く使って稼いでいる
負債が少なくインフレに強い財務体質
一定のブランドなどを背景に成長持続力がある
潜在成長力が今の企業価値より大きいなら買い
世間で言う分散投資とは逆
中核銘柄は原則保有。非中核は数年単位で入れ替え

もしそう予測し、それを前提に考えるのなら、ＰＥＲとＰＢＲは5分の1に低下する。つまり、企業の潜在価値を引き合いに出すと、割安、バリューがある、ということになる。

ブランド、技術開発力、知的財産、あるいは経営力――企業の価値はこんなところにも眠っている。数字では測れない。ＰＥＲやＰＢＲ、ＥＶ／ＥＢＩＴＤＡ倍率など定量的な情報だけでは見えてこない潜在的な価値をあぶり出すには、突っ込んだ企業分析が必要になる。その上で「割安」の有無を判断するのがバフェット流の真骨頂ではないだろうか。

彼は自分がわからない銘柄には投資しないという。もっともだ。潜在価値を見極めるにはある程度、事業内容がわかりやすい方が良い。だから少数厳選。保有株も少ないのはそのせいだろう。逆にブームには弱い。ITバブル期は多くの投資家が何倍も利益をあげたが、バフェット流は毎年2割前後の収益を安定して稼ぐパターン。相対的にリターンが見劣りし苦戦した。だが、下げ相場にめっぽう強く、10年、20年と長期で見るほどそのすごみが伝わってくる。

あなたがまねてみたい誘惑に駆られるなら、図Aの金科玉条を参考にしてほしい。IR担当者に中期経営計画の実現性を問い詰めるぐらいの覚悟で企業価値を分析してみるとよい。スマホ、アベノミクス、東京五輪――。市場を席巻しているテーマや情報も違って見えてくるはずだ。

CASE 29

値動きの性格をβ値で診断

POINT

業績が急回復した企業は、魅力の裏にリスクが隠れている。β値による性格診断を忘れるなかれ。株価の値動きの特徴が、四つに分類されて見えてくる。

陥りやすさ ■■■■□
タイプ 初〜中級者
運用スパン 短期〜長期

✕ あなたはこうして失敗する

業績が急拡大している銘柄があると、5％増益や10％増益程度の企業はばかばかしくて検討に値しないと考える。株価は増益率だけでなく、赤字→黒字転換も含めて変化率が大きいほど戻りの勢い（モメンタム）が増す。そこに資金を投じれば、より多くの値上がり益が期待できる。ところが、業績急回復の銘柄ばかりを買い集めると、保有株式全体のバランスから見て好ましくない状況に陥る。

図AはN社とS社の足元の利益をくらべている。これだけを見ると増益率が大きく利益水準も高いN社に魅力を感じるだろう。それはそれで正解だ。では、5、6年程度までさかのぼったらどんな景色が見えてくるだろうか。

図Bを見てほしい。N社は野村ホールディングス。市況変動にともない、利益は急減したり何倍にもなったり激しく変動している。S社はサンドラッグ。2014年3月期で23期連続増益を達成する見通し。もっとも長い期間、成長を続けてい

図A　純利益と増益率をくらべてほしい。魅力を感じるのは？

	N社	S社
2014年3月期（予想）	2050億円（+91%）	165億円（+10%）
2013年3月期	1072億円（+826%）	150億円（+19%）

図B　野村は業績の振幅が大きくβ値も大きい

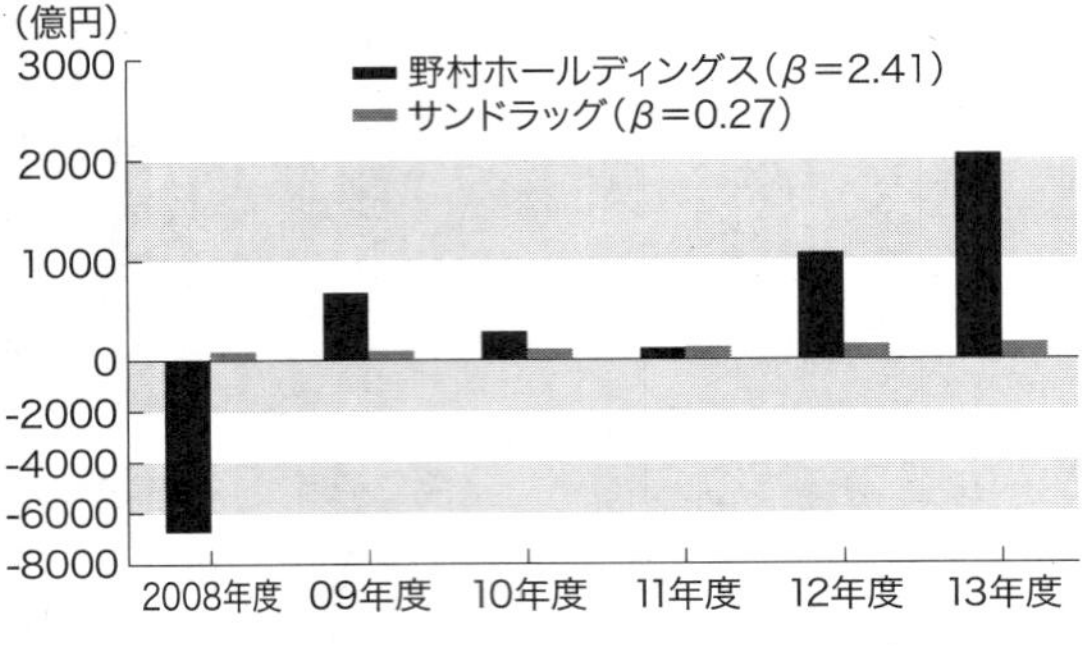

る上場企業の一つと言える。だが、増益率だけで見るとインパクトが乏しく、その魅力がかすんでしまうのだ。

一般に、株式投資への動機がもっとも高まるときは、景気底入れから回復局面にかけてである。株式相場全体に先高観が台頭し、その際、業績急回復の銘柄が目に飛込んでくる。増益率の小さい銘柄を自然に排除し、景気が1単位拡大したときに利益が2単位、3単位もふくらむような企業が魅力を帯びる。売買を繰り返し、銘柄を入れ替えていくたびに知らず知らずに全体がハイリスクに片寄っていく。

これだけは知っておこう

●日経平均に対する振れ幅を見る

これを避けるデータがβ値だ。アルファベットのB＝ビーではなく、「ベータ」と読む。数学的、統計的でとっつきにくい印象を受けるが、銘柄の性格を表すわかりやすいリスク指標だ。β値はいろいろな使われ方をされるため、本書では日経平均株価に対する振れ幅（の度合い）と定義する。β値によって銘柄の値動きは5種類に区分できる。

まずβ＞1。相場全体＝日経平均株価より振れ幅が大きい銘柄だ。仮にX株のβ値が1・2だったとする。日経平均株価が1％上がればX株は理論上1・2％上昇する。逆に、日経平均株価が1％下がれば1・2％下がる。景気の先行指標である株式相場より敏感に反応するという意味で、景気敏感株と呼ぶときもある。

β＝1なら日経平均株価と値動きがほぼ一致する。0＜β＜1なら相場全体が大きく上昇してもそれほど上がらない半面、下落局面でも下がりにくい。0なら相場との相関性は乏しい。マイナスなら相場とは反対の方向に動き「非・株式」のような性格を帯びる。

●銘柄を4種類の性格に分類

βが1を超えるのが電気機器、自動車株などの輸出株のほか、建設機械など設備投資関連株。株価チャートは先ほど例にあげた野村ホールディングスを取り上げた。日経電子版によると13年末時点でβ値は2・41。日経平均の上げ下げよりも株価の振れ幅が大きいことがわかる。

β値が0と1の間で、日経平均株価ほど動かない銘柄はいわゆるディフェンシブ関連株が大半を占める。例にあげたサンドラッグは0・27。ドラッグストアチェーンを展開しており、医薬品や食品と同じように株価も安定している。日経電子版のβ値ランキングで医薬品や食品などの業種を調べてみると、ほとんどが1未満だ。景気変動によって寿命や病人数が増減したり、食事の量が変わることはないことを裏づけている。

β値が0に近いと相関関係が薄まる。日経平均株価とは無関係の動きをする銘柄を指す。「この日は相場全体に見送り気分が強く、個別材料株中心に物色された」といった記事が時折掲載される。固有の材料で売買される銘柄は0近辺の銘柄が比較的多いようだ。

β値がマイナスだったら反対に動く。マイナス1の場合、日経平均が1上が

図C　野村は日経平均にくらべて振幅が激しく、サントリBFは逆の値動きを見せる

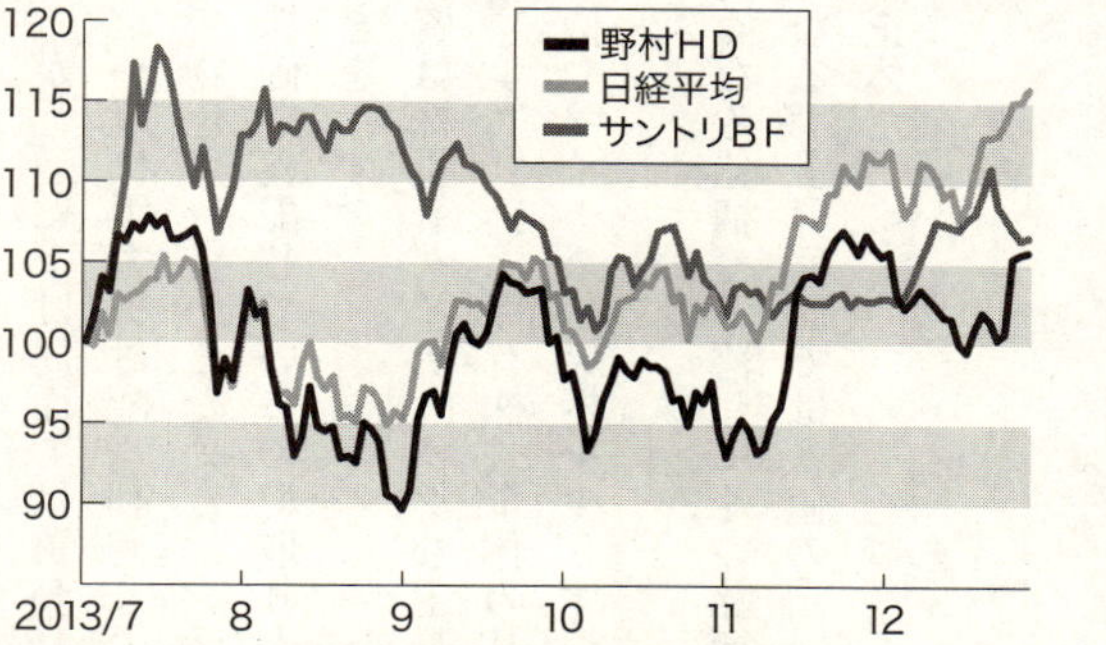

(注)サントリBFが上場した2013年7月を起点に指数化。
β値は13年末時点で日経電子版から。野村(2.41)　サントリBF(-0.23)

ればその銘柄は1下がる。サントリー食品インターナショナル（サントリBF）の株価は相場全体が活況なときは物色の圏外に置かれるが、逆に下げ局面では買われやすい。株式と正反対の動きをする金融商品は債券だ。一般に電力株は配当利回りの良さを材料に買われることがあるが、債券のイメージで物色されているためだ。大手電力株は東日本大震災、原発事故という特殊な要因が株価を支配しているので取り上げなかったが、一般的には日経平均とは逆相関的な動きを示す。

業績が急拡大、あるいは急回復する銘柄への投資は株価もダイナミックな上昇を見せるため、ある意味株式投資としての醍醐味を味わえる。ただ、保有株式全体のリターンを安定させるためには、β値が1以下の低い銘柄やマイナスの銘柄を少しずつ取り込む必要がある。

日経平均株価が大幅に下がっても、逆行して高くなる銘柄や下落しにくい銘柄を組み入れることでポートフォリオ全体の傷が小さくなる。上昇局面ではβ値の高い銘柄が引っ張り上げてくれる。これが銘柄分散効果の正体だ。

CASE 30

テーマ株にのってはいけない

POINT

テーマ株はテーマにあらず。多くは根拠が乏しく、初心者は手を出してはいけない。株式投資最強のテーマは、未来を予測する想像力である。

陥りやすさ ■■■■■
タイプ 中～上級者
運用スパン 短期

×あなたはこうして失敗する

2020年、iPS細胞で再生医療は1兆円市場に――。こんな観測が飛び交った13年春、あなたはタカラバイオ株に目をつけた。短期売買でひともうけしようと買ってみたが、運悪く調整局面に入ってしまった。チャートを見る限り、高値づかみの感がある。だが、あわてまい。バイオは大きなテーマ。これから何度でも値が吹く。

そう思っていたら株価が7月に入って戻り歩調に転じた。売りのチャンス。しかし、株価の戻りは鈍く、再び下値を切り下げた。それから半年、いまだ物色の矛先は向いてこない。

投資マネーは満遍なく全銘柄を売ったり買ったりしているのではなく、たいていは特定の話題や材料のある銘柄に集まっている。これを株式市場の「テーマ」と言う。

東日本大震災の後は、復旧作業に目が向けられた。例えば、車両搭載型のクレーンを手がける古河機械金属が恩恵を受けるとの見方から買われた。原発危機が長期化すると、遠藤照明の株価が急騰。また、防毒・防塵マスクの受注増を見越した買いが興研に入った。

筆者の20年あまりの取材経験から言うと、テーマ株は四つに分類できる。幕間つなぎの物色に終わるのが「3日

図A　テーマ株の怖さはブームが短命で終わると戻り売りの機会が来ない点

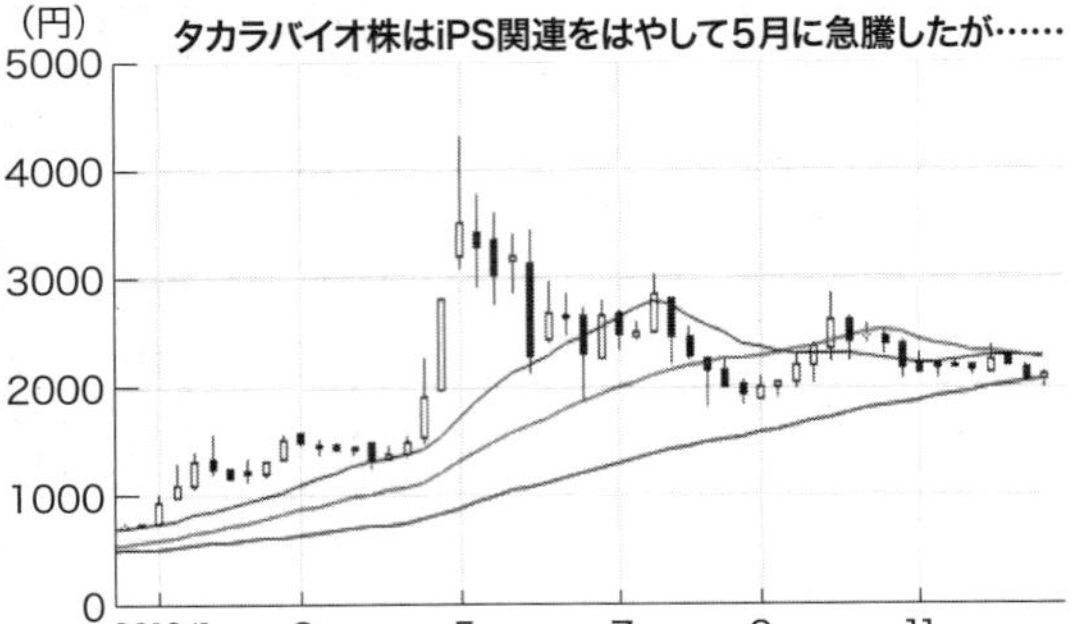

(出所)日経電子版「スマートチャート」

坊主」型。買っても値ざやを抜ける機会はほとんどない。一方、テーマ株の中で比較的多いのが、折に触れて物色されるタイプ。

初心者が陥りやすいのが「食傷」型だ。業績の拡大が続くが、テーマに「手あかがついている」と呼ばれ、買っても値ざやを抜ける機会が意外に訪れない。

最後はテーマ性、業績の裏づけがともに備わっている銘柄。iPS関連や東京五輪はどこに分類されるかおのずとわかるはずだ。

○これだけは知っておこう

●真のテーマは「鉄腕アトム」を描く力

「きみ、今日からアール、オー、エーだよ、アール、オー、エーで行くから!」

20年以上も前。大和証券の役員S氏に相場の見通しで取材にうかがったところ、出し抜けに「ROA(総資産利益率)の高い銘柄が今日からテーマだ」と説諭された。なぜ唐突にROAが、とたずねたら「昨日(野村、大和、日興、山一で構成する)4社会で決めた」のだそうだ。藪《やぶ》から棒の話に、さすがにキツネにつままれた思いでいた。

かつては、証券大手4社が特定のテーマを決め、自己売買部門が買い進んで対象銘柄の上げを先導した。市場を温める一方で、証券アナリストはそれを正当化するレポートを作成。営業マンが機関投資家に売り込む。機関投資家が追随買いに動くと、自己売買部門が売り抜ける（証券会社寄りに言うと、円滑な売買をうながすために売りをぶつける）。

ようやく個人投資家に情報が行きわたり、出番が回ってくるころには株価も高値圏に達しており、テーマ株物色は終盤を迎える。テーマ株は、このようにもうけの循環を作るために人為的に作られてきた。個人はテーマ株に食いついてはいけない。

真のテーマ株を探したいのであれば、ヒントは想像力にある。00年初頭にかけてのITバブルでは、半導体や電機だけでなく、素材、通信・電線会社まで物色が広がり、日経平均株価は2万円まで駆け上がった。この渦中で買えば高値づかみ。そうではなく、95年の「ウインドウズ95」発売のときに、いずれIT革命が来て生活が一変するという未来を描く。手塚治虫よろしく、50年先の未来を予測した「鉄腕アトム」の世界なのである。ITで浮かれているころは、中国やインド、ブラジルなどの人口4大国の経済成長を背景にインフラ関連投資が伸びると想像し、物色の圏外に置かれていた建機株を買ったり、原油払底は間違いないと見て資源株を買うといった具合だ。

そんな想像力はないというのであれば、成長している企業を地道に探すのが良い。

5章

これだけある 企業業績にひそむウソ

本章は「企業業績」の理解と分析に焦点を当てた。本書の中でおそらく最重要テーマの一つだろう。銘柄選びにおけるファンダメンタルズ分析アプローチというせまい意味だけではなく、健全な資本市場の形成に欠かせない要素だからだ。

日経電子版は、個人投資家がだまされないように、2011年7月、「QUICKコンセンサス」の情報提供を始めた。導入の背景や使い方に始まり、世間一般にはほとんど論じられていない投資家向け広報（IR）の本質にまで踏み込んで解説を試みた。

日本型資本市場の中で、企業と市場が20年以上にわたって繰り広げてきた、葛藤と曲折の歴史が垣間見えるはずである。上場企業の財務・IR担当者には是が非でもご覧いただきたいと思っている。

CASE 31

業績予想の「ブラフ」を見破れ

POINT

会社発表の業績予想には「ウソ」があるかもしれない。

陥りやすさ ■■■■□
タイプ 中〜上級者
運用スパン 短期〜長期

✕ あなたはこうして失敗する

隠れた有望株はないか。日本経済新聞とにらめっこしていると気になる銘柄を見つけた。決算資料を見たら通期の業績見通しは2割増益。同業他社の通期見通しが3〜5割増益なので、やや物足りない。だが、経営環境に大差はないはずなので、もう少し利益が出るはずなんだが……。少したためらったが虎の子の資金。投資を見送った。1カ月後、この企業は6割増益に上方修正を発表した。株価は急騰。「あのとき買っていればよかった」。悔やんでも後の祭りだ。

数カ月後、上半期だけで通期の業績計画の9割まで達成していた企業を見つけた。ラッキー！　通期見通しの上方修正が確実だ。だが決算短信を読むと、「先行きに不透明な要因もあり、業績見通しを変えるに至らない」との記述があった。なるほど、半年で計画の9割まで進捗したのに通期見通しを変えないということは、下期で業績が急減速する可能性が高いということではないか。そう思って買いを見送ったところ、会社は3カ月後に上方修正を発表。株価も上がった。あなたは再び投資のチャンスを見逃した。

○これだけは知っておこう

●業績ヨソウはウソヨ

図Aをご覧いただきたい。失敗のケーススタディに紹介した事例だが、一見すると合点がいかないだろう。

一般の投資家にとって銘柄選びの基礎は決算短信だ。その

図A　下期は急減速？　あるいは上方修正？

	通期見通し（億円）	上期の利益（億円）	計画達成率（%）
新光電気工業	69	69.15	100.2%
江崎グリコ	82	75.88	92.5%
富士急行	13.5	17.74	131.4%
森永乳業	51	48.01	94.1%

（注）2013年末時点の純利益予想

中でも業績予想値がもっとも重要な情報だろう。会社が公表する予想だから一番正確で信頼できるはずだ。そう信じてあなたは会社予想を前提に投資戦略を考える。

実はこの会社予想。「ウソ」かもしれない。予想は外れてもとがめられない。ヨソウは反対から読むとウソヨだし。

会社予想が意図的にゆがめられているとすると、それを信じた投資家は2種類の判断ミスをする。一つは狙っていた獲物＝銘柄をみすみす見逃してしまうケースだ。有望な買い材料があって期待していた銘柄だが、企業が提示した増収率や増益率などが自分の期待していた条件をクリアせず、その銘柄を投資対象から除外してしまうことが考えられる。

もう一つは株式を長く保有していたが、企業の業績予想に失望して売却処分してしまった場合だ。だが、フタを開けてみたら上方修正し、株価が再び上昇トレンドに

図B　会社予想と起こりうる投資行動

会社予想と実績	買いたい投資家	保有している投資家	売却した投資家
開示した予想より、実績はもっと良かった。(決算発表後に株価が上がる)	× 買いを見送り、投資機会を逃す	○ 保有継続をうながす	× 誤って売りを急いでしまう
開示した予想より、実績はもっと悪かった。(決算発表後に株価が下がる)	× 過大評価して買ってしまう	× 誤って保有継続してしまう	○ 予想を信じなくて正解

乗るようなパターンだ。売り急いだ投資判断の拙速に原因があるというより、やはり会社予想を信じたがために起こった得べかりし利益と言え、舌打ちではすまされないだろう。だが、会社予想がでたらめだとわかっていれば、失敗例にあるように今度は上方修正か急減速かどちらかで、当たりか外れかの勝負になる。もはやそうなると、投資分析でなく投機である。

●会社予想をめぐる軋轢《あつれき》

そもそも企業の業績予想とは何だろうか。収益計画か目標か、最低限達成するという約束か。はたまた、投資家がうるさいので適当に作った腰だめの情報か。

1990年ごろまでは目標値という考え方が多かった。大企業は利益の帳尻を合わせるための原資、土地、有価証券の含み益を持っていたから、目標利益の実現にそれほど悩むことはなかった。

ところがバブル崩壊で含み益経営が崩れ利益操作が不可能になると、いい加減な「業績予想」ではすまされなくなった。2000年前後からIR活動が普及し始め、「業績予想」の重要性が一段と高まった。特に記者・メディア向けの決算発表とは別に、証券アナリストや機関投資家を相手に開く説明会が普及し、業績予想が一段とクローズアップされた。

これが紛糾した。企業から見れば「IRって何」「1年先のことなんてどうなるかわからん」というのが本音。アナリストにとっては00年をはさむ10年は飛躍の時代。予想を的中させて存在感をアピールしたい。業績予想をめぐる軋轢が顕在化した。

一部のアナリストは、「予想値は投資家へのコミットメント（公約）と理解してよいか」と企業に業績予想の保証を求めた。だから予想が外れようものなら一大事。業績下方修正のときには、多くのアナリストが「経営責任を取れ」と役員に詰め寄った。

サンドバッグになったある家電メーカーの財務担当役員は筆者にこんな心情を打ち明けた。「総会屋よりタチが悪い。下方修正のたびに社長のクビをすげ替えていたら毎年1回ずつ社長交代せにゃならん」。

IRバッシングを回避する方法はないか――。考え抜いた末、たどりついたのが「超保守予想」だった。100の成果を出せる算段があっても60ぐらいにとどめる。これなら袋叩きにあうことはない。それどころか、上方修正しかありえないから会見では胸を張れる。株価にもプラス……いいことづくめじゃないか！

●はったりとガチンコ予想

こうして定着した会社予想は、最初から意図的にゆがめられた数値になっていることが多い。経営者の中にはこう反論する人がいるかもしれない。「会計保守主義です」。減価償却やのれん、債務などすべての見積もりは保守的に考えよという会計の基本理念だ。だが経験の浅い投資家は、会社予想が一番信憑性の高い情報とみなして額面どおりに受け止めてしまう。会社の業績予想がはったりで、投資判断を意図的にミスリードしていることもある。

一方でアナリストは分析のプロ。建前か本音かぐらいかは見透かせる。何より自分のクビがかかっている。業績予想はガチンコ勝負だ。精度が高くて当たり前だ。この結果、株価は次第に有力アナリストの投資判断で動くようになった。

機関投資家やヘッジファンドなどはアナリスト予想を知りうる立場にあるが、一般に個人投資家は知る立場にない。情報格差が生まれ、投資戦略で後手を踏んでしまう。サプライズ決算とは何か? ショック安とは何か? 「コンセンサス」を知ることでそのメカニズムがわかってくる。

CASE 32

「コンセンサス」こそが業績のガチンコ予想

POINT

好決算でも失望売り、業績下方修正でも上昇。この奇怪な現象は、市場予想であるコンセンサスを標準に業績が評価されるために起こる。

陥りやすさ ■■■□□
タイプ 初〜中級者
運用スパン 短期〜中期

✕ あなたはこうして失敗する

花王株を保有しているあなたは気が気でならない。「カネボウ問題」で業績が悪化したならすぐ売ろう。はたして2013年秋に発表した第3四半期決算では特別損失85億円を計上し、純利益予想を夏の公表時より30億円下方修正した。翌朝、早速成り行きの売り注文を出した。ところが、あらら、場が開くと花王株は大幅反発。「想定ほど悪くなかった」との解説が伝えられた。

花王株売却の一方、あなたはローム株を購入しようと考えていた。スマホ向けの半導体部品が伸び、業績回復が確実だからだ。そのチャンスが到来した。最終損益を従来予想の65億円の黒字から100億円の黒字に上方修正したのだ。株価の急騰間違いなし。すぐに成り行きの買い注文を出した。ところが意に反して株価は急落した。増益決算・上方修正＝プラス材料、減益・下方修正＝マイナス材料ではないのか？

あなたは頭を抱えてしまった。

○これだけは知っておこう

●コンセンサスとは何か

業績の評価と株価の方向性を決めるカギは市場予想が握る。市場予想とはアナリスト予想の平均値を指し、コンセンサスと言う。日本経済新聞電子版では金融情報会社QUICKによる集計値を掲載しているので「QUICKコンセンサス」と呼んでいる。現在の主力企業の株価形成はほぼ市場予想をベースに決まる。

図Aに決算内容と投資家の評価、株価の反応のマトリックスを作ってみた。市場予想が1000億円、会社予想が800億円の企業があったとしよう。会社側が(A)ゾーン、1000億円以上へ予想値を上方修正した場合、アナリストの想定外の水準である。株価は市場予想をベースに形成されるから前提条件が狂う。これを「サプライズ」と呼ぶ。

アナリストも新しい水準へ予想を引き上げるから、コンセンサスは一気に上方修正される。株価はこの新しい前提条件を織り込む形で上昇する。この一連の流れが「サプライズ決算による株高」だ。

（B）ゾーン（800～1000億円）はどうだろうか。このときは会社予想が上方修正したところで、株価の前提条件たるコンセンサス（1000億円）に届かない。乖離（ギャップ）は縮まるから悪い材料ではないが、失望感が広がったり材料出尽くしの売りが出たりしやすい。ここが個人投資家にとってのトラップゾーンだ。市場予想はプロ限定の情報であり、一般に個人投資家には出回らない。会社予想と株価の動きが反対になるという不可解な現象に個人が戸惑い、投資判断を誤る事態も発生する。

QUICKコンセンサスは11年7月に日経電子版を通じて配信されるようになったが、プロと個人の情報格差を少しでも解消し、個人にとっての不利益をなくすのが狙いである。また、上場全銘柄の情報を網羅した季刊の投資情報誌「日経会社情報」では、QUICKコンセンサスを3期分掲載しており、中長期の業績の方向性や伸びしろを見る上でも有効性が高い。

図A　コンセンサスと会社予想の関係

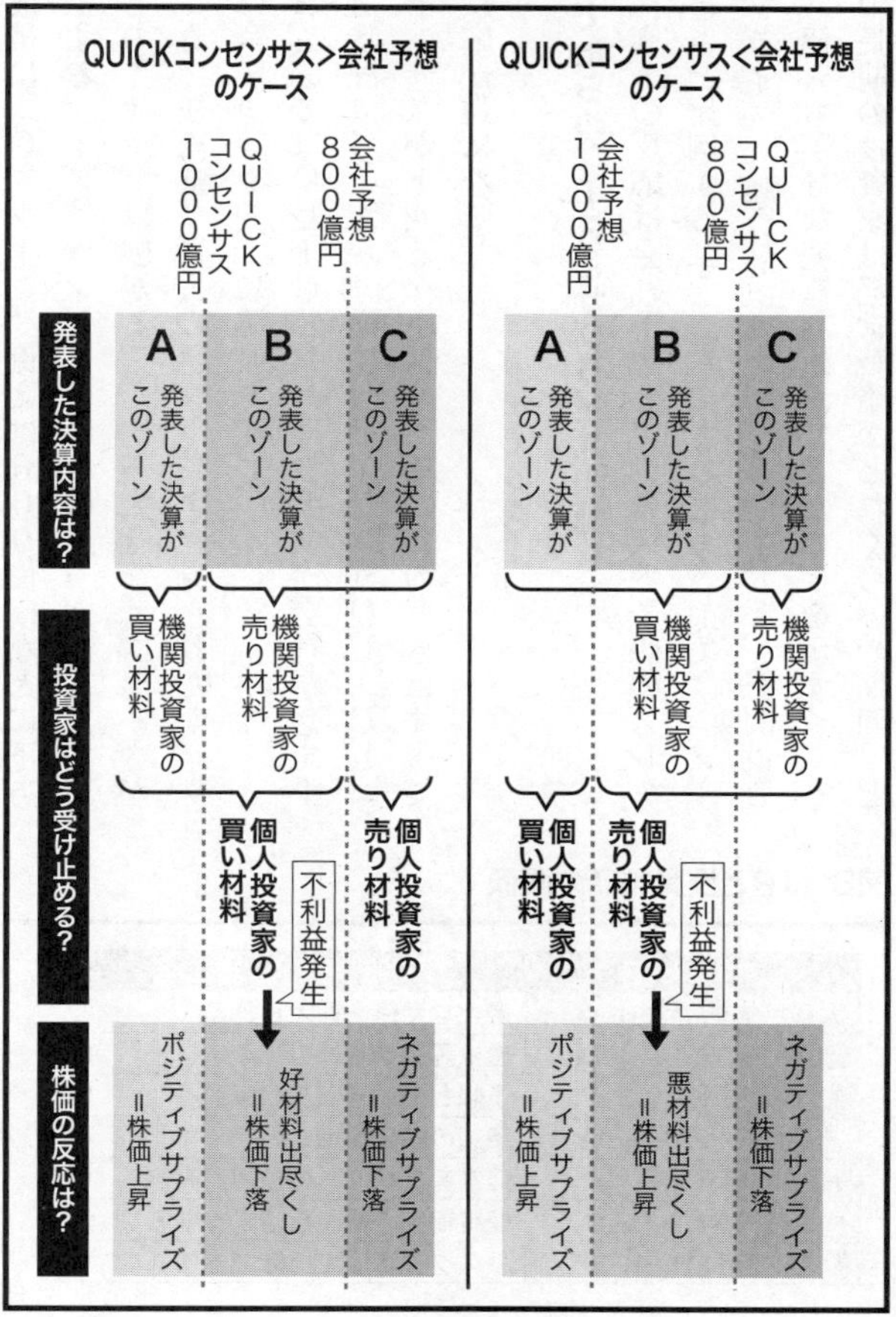
QUICKコンセンサス>会社予想のケース
会社予想800億円
QUICKコンセンサス1000億円
発表した決算内容は？
A 発表した決算がこのゾーン
B 発表した決算がこのゾーン
C 発表した決算がこのゾーン
投資家はどう受け止める？
機関投資家の買い材料
機関投資家の売り材料
個人投資家の買い材料
不利益発生
個人投資家の売り材料
株価の反応は？
ポジティブサプライズ=株価上昇
好材料出尽くし=株価下落
ネガティブサプライズ=株価下落
QUICKコンセンサス<会社予想のケース
QUICKコンセンサス800億円
会社予想1000億円
A 発表した決算がこのゾーン
B 発表した決算がこのゾーン
C 発表した決算がこのゾーン
機関投資家の買い材料
機関投資家の売り材料
個人投資家の買い材料
個人投資家の売り材料
不利益発生
ポジティブサプライズ=株価上昇
悪材料出尽くし=株価上昇
ネガティブサプライズ=株価下落

最後に（C）ゾーン。例えば600億円などに下方修正するケース。コンセンサスとは逆方向で、市場予想とのギャップは広がる。だから大きなサプライズが起こる。任天堂や過去のソニーによく見られたが、株価は「ショック安」に陥りやすい。

ここまではQUICKコンセンサスが会社予想を上回る状況で考えたが、逆に会社予想よりQUICKコンセンサスが下回るケースもある。このときはすべての反応が逆になる。

●でたらめなIRとサプライズ決算

株価への反応は会社予想とアナリスト予想のズレの大きさと比例する。すぐれたIRほどズレがなく「ノーサプライズ」。会社と市場の対話が十分で、機関投資家も個人も平等な売買判断ができたことを示す。

中長期の投資家は経営戦略がどれぐらいの期間、ど

図B　IRと投資判断の関係

すぐれたIR	投資判断への影響
大風呂敷を広げない	過大な期待を抑えられる
過度に保守的でない	過少評価を避けられる
説明頻度が多い	予想とのギャップが解消
補足資料など中身が濃い	予想の精度が増す
トップが話す	経営者と統治への信認が高まる
中期戦略を具体化	保有期間を検討しやすくなる
リスク要因を詳らかにする	リスク許容度が認識できる

の程度のインパクトで業績に貢献するかを分析する。だから中期計画を具体化したり、その間のリスク要因を提供することも投資判断の精度向上につながる。

逆にでたらめなIRは市場予想と会社予想のギャップを広げてしまい、サプライズを引き起こす。投機マネーが入りやすくなり、株価の乱高下を招く。わからないなら業績予想をレンジで開示するのも手だ。投資判断の上で理にかなっている。このアイデアは00年ごろからあったが、ようやく予想レンジによる開示が増えてきた。

最近、楽天がアナリストの判断がでたらめだと立腹し、出入り禁止を発表した事例がある。「こっけいだ」「どっちも情けない」との声が目立ったが、筆者は「市場との対話」のあり方を問い直す奇貨と考えたい。

CASE 33

企業イメージ、先入観の落とし穴

POINT

先入観にとらわれて有望株や大切なリスク要因を見逃し、判断を誤ることがある。セグメント情報を深読みし、「変化」の芽を見つけよ。

陥りやすさ ■■■■□
タイプ 中～上級者
運用スパン 中期

✕ あなたはこうして失敗する

まず図Aのクイズを解いていただきたい。会社名と利益を牽引する主力事業の組み合わせで誤りを見つけてほしい。何社あるだろうか。

歯ごたえがあるかもしれない。答えは全社誤りである。

ソニーは確かにエレクトロニクスメーカーだし、

図A 利益の柱を並べてみたが誤りはどれか

企業名	利益の柱
ソニー	家電
日立造船	船舶
日本水産	加工食品
TBSホールディングス	放送
大日本印刷	出版物印刷
旭硝子	ガラス
日清紡ホールディングス	衣料素材
三菱ケミカルHD	化成品

日本水産は缶詰や冷凍食品を製造している。TBSが放送・番組制作を手がけていることは小学生でも知っているし、大日本印刷が書籍や雑誌の印刷大手であることも間違いない。

だが、これらはすべて売り上げベースでの話なのだ。規模が大きいので「本業」と言われるが、株価は1株利益をもとに形成される。売上高ではないのである。どの事業で稼いでいるか、を念頭に置くと、企業のイメージとはかけ離れた姿が浮かび上がる。的確な投資判断には先入観を捨てなければならない。

日立造船を船舶と思った人は論外。すでに事業から撤退し、売り上げさえゼロ。今ではゴミ焼却施設などのプラントが主力だ。

ついでにもう1問。「コマツなど中国関連株が急落」という記述は正しいか。解説は後ほど。

○これだけは知っておこう

●セグメント情報で次の収益のタネを探せ

決算短信には事業別の収益を開示したセグメント情報がある。決算では全体像はもちろんだが、セグメントにこそ先行きを読むヒントが埋もれている。

日本水産は医薬原料などのファイン事業が利益を引っ張っている。ヤクルト本社も医薬品製造販売が堅調だ。大日本印刷はスマホ向けの素材が伸び、産業構造の変化とともに収益ドライバー（推進力）が変わりつつある。会社が意図しているのであれば、収益源として育っていく可能性がある。家電で大苦戦しているヤマダ電機は、住宅を稼ぎ頭に変えていく方針で要注目だ。

意図せず利益が出ている企業もあるだろう。近畿日本鉄道など私鉄大手は不動産で多額の利益を出したが、一過性かもしれない。ソニーはすっかり銀行や損保が稼ぐ金融会社になったが、会社としてはエレクトロニクス部門を立て直したいはずだ。ＴＢＳもしかり。

図B　本業と稼ぎ頭が異なる企業

企業名	本業（売上高が多い）	稼ぎ頭
ソニー	エレクトロニクス	銀行・保険
日立造船	環境・プラント	環境・プラント
日本水産	食品	医薬原料
TBSホールディングス	放送	不動産
大日本印刷	出版・印刷	生活・産業資材
旭硝子	ガラス	電子
日清紡ホールディングス	ブレーキ	精密機器
三菱ケミカルHD	化学系素材	ヘルスケア

（注）2013年度決算資料を加工。一部予想

事業ポートフォリオを知ることは業績のβ値を知る手がかりにもなる。ソニーの場合、家電事業と金融事業はまったく異質だから金融がもっと育てば消費増税の影響を受けにくい収益体質になる、と考えられる。電鉄はディフェンシブ性が高かったが、不動産の利益が増えると住宅市況に株価が左右されやすくなるだろう。

●地域別リスク要因も固定観念を捨てよ

中国の製造業に関する統計が出ると、関連株が大きく変動することがある。コマツやＪＦＥホールディングスなど中国関連指数に採用されている銘柄群だ。ユーロが変調すると、欧州関連株のキヤノンやリコーなど精密機器の株価が動く。

収益が世界のどこに分布しているかも極めて重要なリスク要因だ。自動車と十把一からげに言うけれど、ホンダ、日産、三菱自動車、富士重工業、スズキ、日野自動車……みな売り上げ

図C　コマツの地域別売上高は米国が首位。中国は1割に満たない

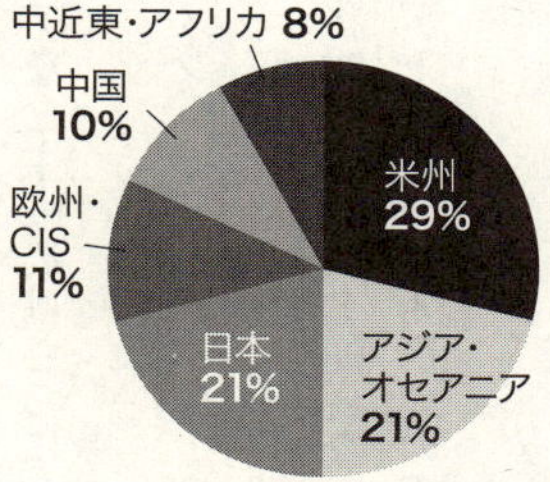

（注）2013年度中間決算（4−9月期）

の基盤となる地域が異なる。ホンダや富士重工業は北米の影響を受けやすいし、スズキや日野自動車はアジアだ。アジアでもタイ、インドネシアなど主戦場はさらに分かれる。

コマツの売上高を13年度中間決算（4－9月期）のセグメントで見ると、売上高首位は米州。中国は下から2番目だ。市場での評価とは別に、収益構造からは中国関連株は誤りである。グローバル企業は米国金融政策、欧州債務問題、アジア通貨など地域別のリスク要因をつぶさに分析することで、銘柄選びやポートフォリオ構成の完成度が増す。

CASE 34

見えざるコスト、見えざるリスク、見えざる資産

POINT

投資は目に見える材料だけがすべてではないし、目に見えるコストばかりでもない。見えざる企業情報が見えたとき、投資力はステップアップする。

陥りやすさ ■■■■□
タイプ 中〜上級者
運用スパン 短期〜長期

✕ あなたはこうして失敗する

あなたは１００万円を投じてＬ株を１０００円で購入した。会社説明会で３年間は20％の持続的な成長を期待できると判断したからだ。株価は1年後に１１００円になり、その翌年１２００円まで上がった。３年後も株価が上がり続け、１３００円まで上昇。あなたはそこで売却し、30万円のもうけを確定した。あなたは満足だろうか？

実はこの株式投資は失敗である。あなたは3年間で毎年20％の成長を期待していたはずである。理論どおりなら株価は１２００円、次に１４４０円、３年後にはさらに

2割上がって1728円になるはずだった。その期待リターンがあったからこそ、3年間も保有したし、100万円の資金も投じたのである。もし、3年後に1300円にしかならないと期待していれば、もっと少額で、かつ保有期間を短くしたかもしれない。

あなたは次にサードリテイリングという衣料メーカー株を買った。業績は最高益を更新している。社長は矢内正氏。卓越した経営手腕で「ユニシロ」ブランドを展開している。だが2年後、矢内氏は健康を理由に突然退任を発表した。後継の新社長も奮闘したがヒット商品が出ず、業績もじり貧をたどって結局リストラを発表。再びトップは交代し、株価も安値を更新した。「トップ交代がわかっていれば買わなかったのになあ」。

○これだけは知っておこう

●リスク許容度＝資本コスト

株式投資にはあなた自身が気づかない「見えない費用」、資本コストが存在する。先の失敗例で言えば、株価が保有期間中10％ぐらいなら下がっても売らないという判断がはたらく。中期リターンへの期待値が高いので、その程度の下ブレを許容できるのだ。このブレ＝リスク許容度こそが資本コストである。逆に1年程度が成長の限界という企業だったら、期中で大幅に下落すればたまらず「早めに売っておこう」と考えるだろう。

資本コストは「〇円」「〇％」というように明示されないが、買い、保有、売りのすべての場面で投資判断を一貫して支配する決定要素だ。その材料は主に企業が提供する情報によって形成される。

ＩＲとは資本コスト提供のツールだ。業績予想がいい加減だったり、中期経営計画に根拠がないと、売りたくないのに売らされたり買いたいのに買わなかったり、投資行動を攪乱《かくらん》させられる。市場との以心伝心がうまくいけば業績予想は会社予想と一致。サプライズ決算が回避され、会社の将来を慮《おもんぱか》る投資マネーが入ってくる。逆に投機マネーはサプライズ決算、つまり「市場との対話」

図A　見えざるコスト、リスク、資産

見えざるコスト	資本コスト	どれだけのリターンを期待しているか
	保有期間	どれだけの期間、保有しようとしているか
見えざるリスク	社長交代	偉大な経営者ほど後任の求心力が低下
	ガバナンス	粉飾など犯罪を招く温床が育つ
見えざる資産	ブランド	品質への信用度や伝統など
	知的財産	技術・商品開発力や著作権
	顧客基盤	顧客情報やネットワーク

失敗を心待ちにしている。株価が乱高下し、サヤを抜きやすいからだ。

見えざるリスクもある。カリスマ経営者が成長を引っ張っていたなら業績だけで投資判断するのは危うい。後継者次第では求心力が緩み、成長持続を担保できなくなるからだ。企業統治がいい加減な会社は粉飾決算などのトラブルを起こしやすい。どこかの鉄道会社のように事業リスクも増す。こうしたリスクは財務諸表ではわからない。IR優良企業の大賞をとったローソンの新浪剛史CEOは「見えないリスクを積極開示したい」と語った。IRの本質を得た発言である。

見えざる資産は業績やバランスシートには表れてこないが、企業の潜在的な底力を示す。例えば土地の含み益、ブランドの強さ、顧客基盤、そして技術力。日本の大手家電メーカーS社は、過去に数万人規模の人員リストラを断続的に進めた。財務面では一見収益力が高まったかのように見えたが、後に「貴重な人材が流出して一気に商品開発力が落ちた」ということがわかった。人も見えざる財産なのである。

CASE 35

経営破綻するときにもっとも早く鳴るアラーム

POINT

利益は出ているのに経営破綻してしまうこともある。もっとも早く鳴るアラームは、本業での稼ぎを示す営業キャッシュフロー。マイナスになっていたら要注意だ。

陥りやすさ ■■■■□
タイプ　初〜上級者
運用スパン　短期〜中期

✕ あなたはこうして失敗する

最初に図Aをご覧いただきたい。ちょっと古い決算短信だが、利益の部分を抜粋したので、この企業の将来性を読み解いてほしい。2008年3月期の売り上げは前年比35％増と急拡大、純利益は過去最高をたたき出した。いかがだろうか。

この企業はアーバンコーポレイションといって、最高益決算を発表してから約3カ月後に経営が破綻した。いわゆる「黒字倒産」である。多額の赤字の果てに経営が行き詰まるのではなくて、利益をあげているのに経営破綻に追い込まれた。投資家や取引先も虚をつかれたことだろう。こんな不意打ちがあるから、株式投資は怖い。

○これだけは知っておこう

●予兆は業績でなく現金の出入りに表れる

会計は苦手という方のために、かんたんな事例を紹介しよう。あなたは一銭のお金もなく、空腹に耐えかねている。1週間たてば生活費をもらえるが、当座の飢えをしのがなければならない。幸い高級腕時計を身につけていたので質に出し、1週間分の食費を手当てして危機を乗り切った。

では、もう一つのパターン。状況に変わりはないが、今度は腕時計ではなく中古自動車を持っている。親切な人が現れて50万円で購入してくれることになった。契約書

図A　この企業はどうなったか？

a）大幅増収で最高益、業績が示唆する将来性は！？

	2007年3月期	2008年3月期
売上高	1805億円	2437億円
経常利益	564億円	617億円
純利益	300億円	311億円

b）キャッシュフローから読み取れる将来性は？

	2007年3月期	2008年3月期
営業CF	−550億円	−1000億円
投資CF	−90億円	−111億円
財務CF	832億円	892億円
現預金残高	600億円	420億円

も交わしたが、代金は1週間後の振り込みになった。1週間後、あなたは栄養失調で倒れて病院にかつぎこまれていた。

後者の事例を企業に置き換えると、中古自動車の契約を終えた段階で50万円の売り上げを計上できる。収益では黒字になるわけだ。だが、現金は入らない。かくして行き詰まる。これが黒字倒産だ。

よく「会計は意見、キャッシュは事実」と言われるが、筆者に言わせれば「会計は創作（か操作）、キャッシュは事実」だ。過去、利益のかさ上げに使われた常套手段を紹介すると、経営不振の企業が5億円の赤字を計上しそうになったとき、取得価格1億円の持ち合い株を時価10億円で売却して買い戻せば、売却益9億円が計上される。すると、4億円の黒字に浮上するのだ。でも、10億円で売って10億円で買い戻すので現金収支はゼロ（実際には法人税の分、現金が流出）。

違法ではないが、実質粉飾決算だ。しかし、利益操作はできてもキャッシュの出入りはごまかせない。経営破綻の注意報は、キャッシュフローが発信してくれるというのはこのことだ。

アーバン社のキャッシュフローをもう一度見てほしい。もっとも大事な営業キャッシュフロー（後述）が1000億円のマイナスだ。400億円あまりしか現預金が手元にないので、資金繰りがきつくなるのは当然と言える。

●キャッシュフローのうち営業活動が最重要

キャッシュフローは営業活動、投資活動、財務活動の3種類に分かれる。図Bを参考に、特徴をつかんでほしい。投資家にとって最重要なのは、営業活動による資金の出入りを示す営業キャッシュフローだ。ずばり本業でどれだけの現金を稼いだかを示す。資金繰りの大動脈で、ここで稼いだ現金をもとに、原材料費購入や利払いのほか、業務に必要なオペレーションを基本的にすべてまかなう。

投資キャッシュフローは、設備、土地などの固定資産や有価証券の取得・売却などによって生じる資金の動きを表す。営業キャッシュフローと投資キャッシュフローの合計をフリーキャッシュフロー（純現金収支）と呼ぶ。

本業で稼いだ現金よりも投資金額が小さい、つまり「営業キャッシュフロー＞投資キャッシュフロー」であれば、企業の手元に現金が蓄積していく。この現金は設備投資はもちろん買収に使ってもいいし、自社株買いに回してもいい。企業が自由に使えるので「フリー」なのだ。

フリーキャッシュフローが赤字なら投資のための資金がまかなえないので、銀行融資や社債発行などで不足分を調達しなければならない。これが財務キャッシュフローだ。

●財務キャッシュフローが台所事情を左右

キャッシュフローから見ると、倒産の予兆はまず営業キャッシュフローが赤字になるところから始まる。本業で現金が流出超過になれば、台所事情はたちまち厳しくなる。現預金の蓄えが潤沢なら取り崩せばよいが、そうでなければ経営者は至急手を打たねばならない。

考えることは二つ。投資キャッシュフローでプラスにするか、財務

図B　キャッシュフロー計算書における現金収支の流れ

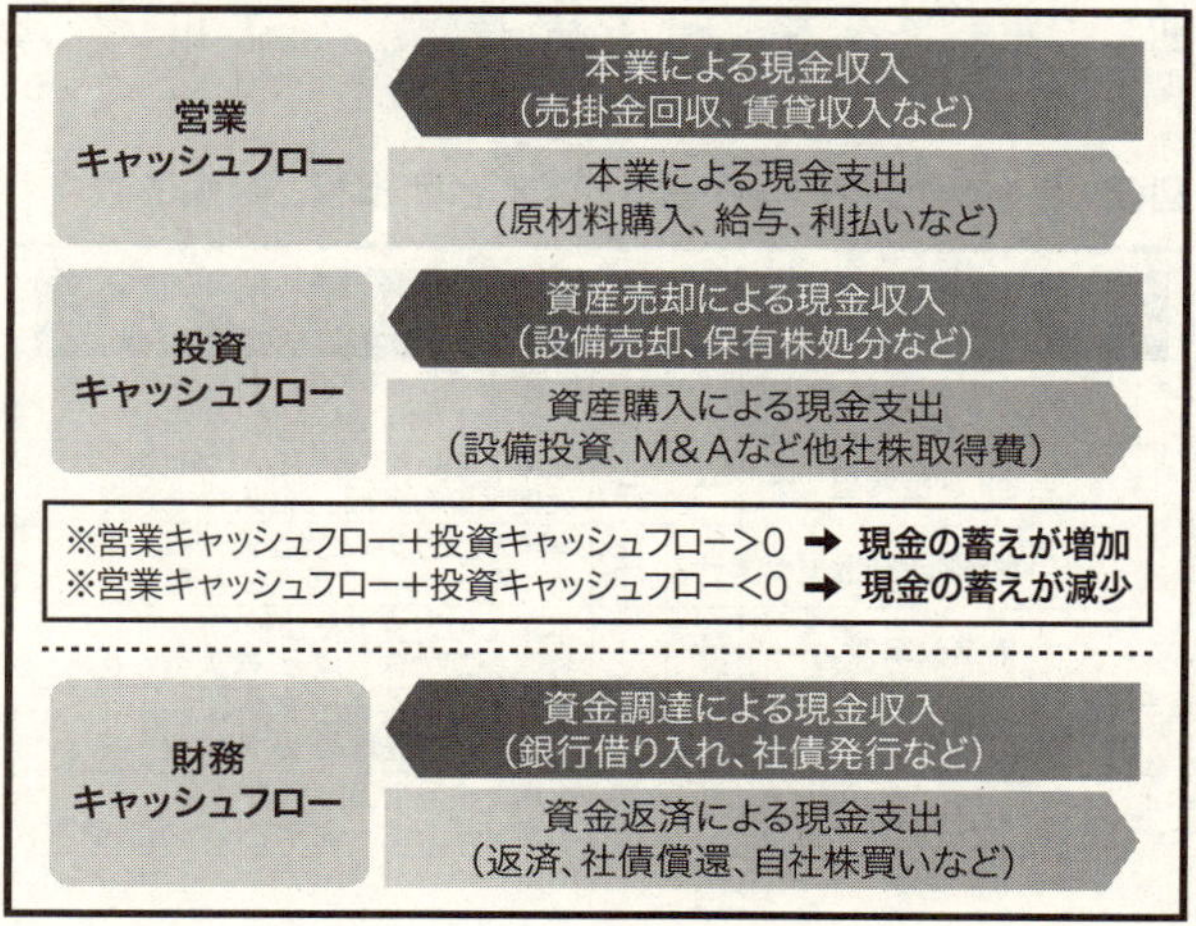

キャッシュフローでプラスにするかだ。経営も同じだ。営業キャッシュフローが万年赤字でも、銀行など誰かがスポンサーになって資金を出し続けてくれれば、企業はつぶれない。この流れを見るのが財務キャッシュフローだ。

企業が再建中の場合、設備投資や新規事業への投資は継続する必要がある。だから、投資キャッシュフローはマイナスになる。その結果、銀行の融資だけが資金の出し手になるので、財務キャッシュフローはプラスになる。

倒産の注意報が警報に変わるケースは、銀行が貸し渋る場合。ある程度融資してくれるが、十分ではないと不足分を手持ちの有価証券、不要不急の資産（保養所など）を売って現金を捻出しなければならなくなる。

ちなみに、トヨタ自動車は11年4－6月期に

図C　キャッシュフローから推測する台所事情と倒産予報

注意報	タイプ	営業CF	投資CF	財務CF	台所事情を想像すると……
	成長投資型	＋	－	＋	旺盛な設備投資で現金不足。本業でのもうけだけではまかないきれず、借入金で補填
	回収・堅実型	＋	－	－	本業で稼いだキャッシュの範囲内で設備投資を実行し、借入金も返済
	財務体質強化型	＋	＋	－	本業でのもうけと資産売却によって得たキャッシュで借入金返済
☠	構造改革型	－	＋	－	本業での現金流出が続く。資産売却で穴を埋め、借入金も返済
☠☠	再建型	－	－	＋	本業での現金流出が続く。借入金で穴を埋め、設備投資も実行
☠☠☠	資金繰り重点型	－	＋	＋	本業での現金流出が続く。資産売却や借入金でキャッシュを補填

☠ が多いほど危険

1079億円の営業赤字を計上したが、営業キャッシュフローは3000億円以上の黒字を確保した。7000億円近い長期債務を返済し、なお手元の現金を3月末にくらべて500億円積み上げた。「トヨタバンク」と言われるのはだてではなく、財務基盤の磐石ぶりを見せつけた。

キャッシュフローは、企業価値を算定するモノサシにも使われる。倒産シグナルだけではなく、経営力や成長力、買収価値などがおもしろいほどわかるようになる。

CASE 36

突然の倒産を察知する指標の見方

POINT

資産＝資金ではない。すぐに返す必要がある借金を返す現金が用意できないのであれば、資金繰りに行き詰まる可能性が高まる。さまざまな安全性指標を知っておこう。

陥りやすさ ■■■□□
タイプ 初級者
運用スパン 中期〜長期

✕ あなたはこうして失敗する

あなたは悲願の世界一周旅行に行く計画を立てているが、年内に1000万円が入り用だ。預貯金をはたいても、あと500万円足りない。そんな折、伯母がなくなり、総額3000万円の資産を譲り受けた。ゆうゆう計画が実現すると思いきや、頓挫してしまった。なぜだろうか。別に遺言で禁じられていたわけではない。

模範解答の一つとしては、3000万円の資産が土地や家屋だったためと考えられる。このためかんたんに売れなかった。巨額の資産を抱えていても、換金性に乏しいと、こんな風に資金計画が暗礁に乗り上げる。資産＝資金ではないのだ。

企業ではこれが命脈を握るときがある。前項で黒字倒産を解説したが、すぐに返さなければならない借入金を抱えているときに、すぐに現金化できる資産を持っていないと黒字だろうが増益だろうが息の根が止まる。

返済に入り用な資金と現金化できる資産の関係を表したのが流動比率だ。過去に「黒字倒産」した企業の流動比率を調べると、ほとんどは望ましいとされる水準（200％）を下回っていた。バランスシートは苦手と敬遠していると、突然の不幸に見舞われる。

○これだけは知っておこう

●流動比率より厳密な当座比率

1年以内に現金化できる資産を流動資産と呼ぶ。売掛金や有価証券、棚卸資産などが当てはまる。一方、短期借入金など1年以内に返さなければならない負債を流動負債という。一般的に流動負債の2倍の流動資産があれば、短期的な債務の支払い能力に問題はないと見られている。この際に用いるのが流動比率だ。流動資産を流動負債で割って求める。

例えば、流動性資産が10億円、流動性負債が20億円なら、流動比率は50%。商売がうまくいかなければ10億円を借り入れなどで手当てしないといけない。

もし流動資産に含まれる在庫が不良化したらどうなるか。生鮮食品を抱えていたが風評で売れなくなる、あるいは、家電製品のモデルチェンジが早くて商品性が陳腐化する、といったケースが考えられる。この場合、流動性資産といっても、実際の資産価値はもっと低くなるかもしれない。そこで、もっと厳密に短期的な支払い能力を判断するために、当座比率という指標を用いる。現預金、受取手形、売掛金などもっとも現金化しやすい当座資産を使って、流動負債に対する倍率を測る。

●安全性指標を常に意識する

図A　主な安全性指標の見方一覧

指標名	一般的な計算式	目安
流動比率	流動資産合計÷流動負債合計×100	200%以上が理想
当座比率	当座資産（現預金＋受取手形＋売掛金）÷流動負債×100	100%以上が理想
インタレスト・カバレッジ・レシオ	（営業利益＋受取利息・割引料・有価証券利息）÷支払利息・割引料	高倍率であるほどよい
自己資本比率（旧株主資本比率）	資本÷負債・純資産合計×100	高いほどよい
正味運転資本	流動資産－流動負債	プラスであるほどよい

（注）一部を除いて、算出方法などは日経電子版「銘柄比較分析レーダー」に準拠

このほかの主な安全性指標を知っておこう。総資本に占める自己資本の割合を示すのが自己資本比率。弁済が求められる他人資本（借り入れ）と異なり、返済期限がない分、自己資本比率の高い企業は長期的に財務が安定する。

金利支払い能力を測る指標が「インタレスト・カバレッジ・レシオ」。金融収益が金融費用の何倍かを計算する。金融収益は営業利益に預金利息や株式配当金などを加えて求める。金融費用は長短借入金や社債の利息などの合計だ。1倍であれば、企業の通常のもうけがすべて金融費用に消えていることを意味する。

間接金融型経営時代が続いた1990年代までは、多額の有利子負債を抱えた企業が目立ち、インタレスト・カバレッジ・レシオや利払い後のもうけである経常利益が重視された。最近は過剰負債を抱えた企業が少なくなり、デフレ下で超低金利局面が続いているため、以前ほど重視はされなくなっている。流動資産から流動負債を引いた実額が正味運転資本だ。流動的な資金の正味の部分を指す。この数字がマイナスになることは、短期的に事業運営に回せる資金が不足していることを示す。

固定長期適合率は、固定資産のうちどの程度が自己資本と長期の借入金でまかなわれているかを示す。固定資産への投下資本は、長期間にわたって本業から得られる収益で回収されていくわけだから、長期性資金でまかなわれるのが理想的だ。

CASE 37

債券の格下げは株価・業績をも揺さぶる

POINT

債券の格付けは、BBで黄信号、CCCで赤信号。株にも無関係ではなく、悪影響が出るのは必至だ。債券の世界を対岸の火事とするなかれ。こまめにチェックしよう。

陥りやすさ ■■■■□
タイプ　初〜中級者
運用スパン　中期〜長期

格付けとは債券や融資に対する元利金支払いの確実性、転じて企業や事業体の借金返済能力を表す評価だ。より厳密には、信用格付け、長期債務格付けといった呼称になる。

●黄信号の格下げと赤信号の格下げ

2009年10月、R&Iは日本航空（JAL）の格付けをBからCCCに下げた。その2カ月半後、JALは会社更生法の適用を申請した。ムーディーズは09年11月20

日付で、武富士の格付けを「B2」から「Caa1」に2段階引き下げ、10年3月、「Caa2」へ引き下げた。武富士が会社更生法の適用を申請したのは半年後の10年9月である。

格付けのニュースが流れたときにチェックすべき重要なポイントが二つある。一つは、CCCあるいはCaaの格付けが付くと資金繰りの上で赤信号がともっていることを示す。事例を2社出したが、高い確率で経営が行き詰まる。

黄信号点滅はBBBからBBに落ちたとき。BBBより上が「投資適格」と言われる水準で、BB以下が「投機的水準」だ。機関投資家が一般に投資の目安としているのはBBB。BB以下に下がると、株式でも債券でも投資

図A　格付会社別の格付け記号一覧と市場への影響

格付機関（略称）			格付投資情報センター	ムーディーズ・ジャパン	スタンダード&プアーズ・レーティング・ジャパン	日本格付研究所	
信用力	株式	債券	(R&I)	(MDY)	(S&P)	(JCR)	
上位	買い材料	ローリスク・ローリターン	AAA	Aaa	AAA	AAA	
			AA	Aa	AA	AA	
			A	A	A	A	
			BBB	Baa	BBB	BBB	機関投資家の選別基準
信用力		ハイリスク・ハイリターン	BB	Ba	BB	BB	黄信号
			B	B	B	B	黄信号
			CCC	Caa	CCC	CCC	赤信号
		デフォルトリスク	CC	Ca	CC	CC	赤信号
	売り材料			C	R	C	赤信号
					SD	LD	赤信号
下位			D		D	D	赤信号

（注）一般的な長期債務格付けを抜粋。格付機関ごとに格付け区分は異なるので詳細はHPで確認を

対象から外すことが考えられ、それにともなう値下がりを警戒しなければならない。

次に、間接的に収益悪化を招く可能性を念頭に置かねばならない。格付けが下がるごとに、社債発行や銀行借り入れ時の金利が上がるから、有利子負債の多い企業ほど影響が大きい。当然株価にもマイナス材料だ。

ところで、13年以降は反対に、業績回復→キャッシュフロー改善→借入金返済→格上げ→調達コスト減少→ファイナンス→成長投資→収益回復という「正」の循環が鮮明になった。

6章

需給を制すものは投資を制す

リスク資産への投資を考えるとき、三つの分析手法がある。ファンダメンタルズ分析、需給分析、そしてテクニカル分析である。需給指標の分析は短・中期の相場変動を読み解く上で欠かせないアプローチだが、難解で奥が深い。だから、初心者の多くは需給の勉強を敬遠する。

大きな間違いである。グローバル化にともなう海外からの巨大マネーの流入、高速システム売買の浸透などで、需給が相場に与える影響は格段に力を増し、また、重層で複雑になり始めている。需給指標で「今は買い」「すぐ売れ」というアラートがなっているのに、「わかりません」「興味ありません」ではいつまでたっても初心者の域を出られない。

需給を制す者は投資を制す、というのが筆者の持論。この章では、個人投資家が株式売買に際して知っておくべき需給のリスク要因を取り上げる。

CASE 38

信用取引を知らぬは災いのもと

POINT

「信用取引はリスクが高く、縁のない世界だ」というのは誤った考え。信用取引の増減は、値動きに大きな影響を与える。初心者こそ信用取引を理解しておくべきである。

陥りやすさ	■■■■■
タイプ	初〜中級者
運用スパン	短期〜中期

✕ あなたはこうして失敗する

「信用取引は、投資の経験者が手がける投機性の強い取引です。初心者は手を出さないのが賢明で……」。株式投資の入門書には、決まってこんな戒めがある。初心者は、おのずと「信用取引はリスクが高く、縁のない世界だ」と思い込み、理解しようともしない。

これが災いのもとになる。信用取引とは、株式を売買するために証券会社からお金や株券を借りて行う取引で、株券や購入資金を借りるために担保となる保証金を預ける。株券やお金を借りた以上、いつかは返さなければならない。この返済前の残高を信用残高という。

自分の保有株が信用取引によってどの程度影響を受けるかを見る上での四つのポイントを図Aにまとめた。

一つは残高の多さ。売り残にせよ買い残にせよ、急増すると警戒サインだ。二つ目は、売り残と買い残の比率。1：1の割合に近づくほど「取り組み妙味がある」という。大相撲で力関係が似たもの同士を戦わせる好取り組みだというのが由来で、売り方の勢いと買い方の勢いが拮抗している状況を示す。株価が上下に動きやすいから売り方ももうけのチャンスがあるし、買い方にももうけのチャンスがめぐってくる。するとさらに別の投機資金流入を呼び込み、双方の残高がどんどん増えていく。普通の銘柄がハイリスク・ハイリターン株に変質していく

図A　信用取引の影響度合いを見る上での4大ポイント

残　高	売り残、買い残がともに急増していると影響が大きい
倍　率	売り残を買い残で割った値が1に近いほど値動きが激しい
期　日	買い残が多い場合は、6カ月の期日接近にともない決済売りが出やすい
逆日歩	売り残が多い場合は、借り賃が高くなると買い戻しが出やすい

典型的な流れだ。

信用買いの場合、半年後に反対売買が強制される。半年前に買い残が急増していれば、5、6カ月後には決済売りが増える可能性がある。これを期日接近の売り、あるいは期日売りと呼び、需給悪化要因となる。

信用売りでは、逆日歩（ぎゃくひぶ）発生の有無がポイント。貸し出す株が足りない品不足状態になると、証券金融会社は生命保険会社や信託銀行などから株式を調達してくる。このときに支払う借り賃（レンタル料金）は、売り方が負担する。つまり、逆日歩発生は売り方の買い戻しを誘う要因になる。

○これだけは知っておこう

●変質した大手電力株

電力株は公益性が強く業績もさほどぶれないため、株価変動も小さかった。β値がマイナスで、債券に近い値動きを示す銘柄さえあった。投資家は値上がり益ではなく、配当利回りの高さに着目して購入するケースが多く、ローリスク・ローリターン銘柄の代表格だった。

この性質を一変させたのが、東日本大震災と原発事故。図Bは東京電力の信用売り残と買い残の推移で、震災発生後、またたく間に1億株近辺に達した。

買い残も急増し、買い残を売り残で割った信用倍率は震災前の4・65倍から5月27日にはほぼ1倍になった。まさに信用の取り組み妙味が増し、売り手と買い手ががっぷり四つになった格好だ。

強弱感が対立した結果、株価は1日で3割以上乱高下する日もあった。ジェットコースターのような動きは、投機筋にそれだけ多くの値幅を取るチャンスを与える。

図B　東電の信用残と信用倍率の推移（2011年）

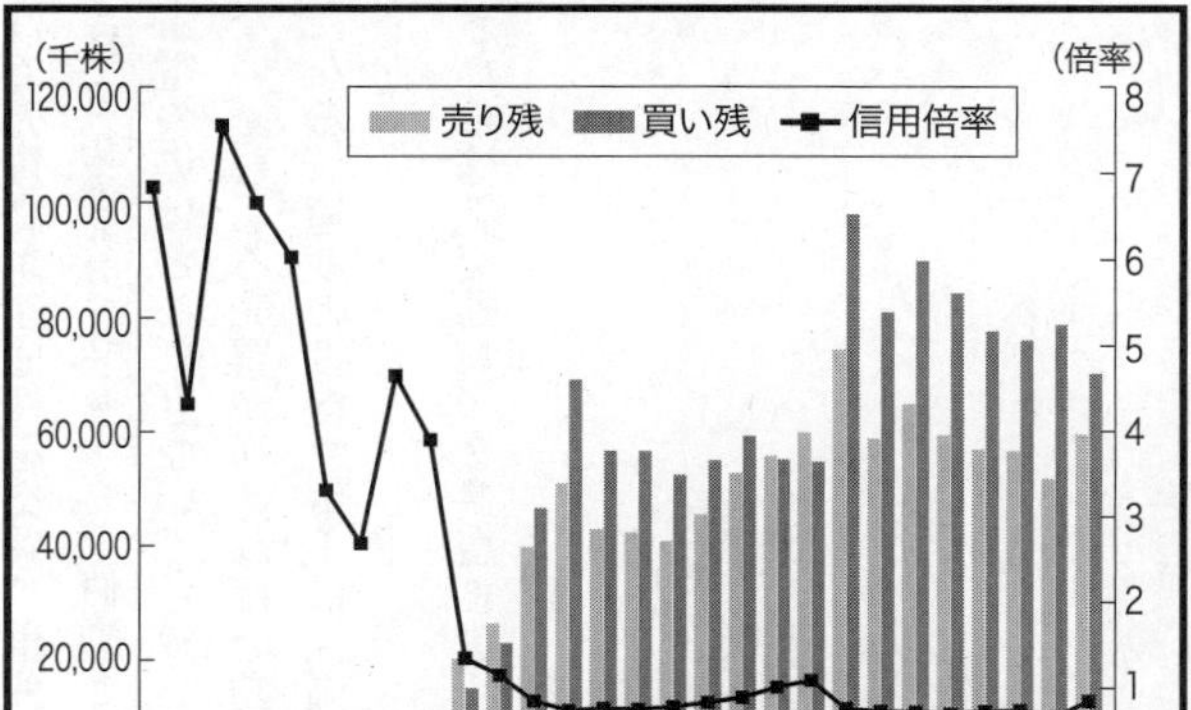

投機筋が回転売買を繰り返し、1銘柄だけで売買高が4億株を突破。単独で東証1部売買高全体の21％を占めた。過去の仕手株を彷彿とさせるような値動きの荒さで、そこにはディフェンシブ株の代表格だった東電の姿はどこにもない。

もちろん信用取引が悪いというわけではない。むしろ売買が増えれば流動性リスクが低下、つまり売りたいときに売れるようになる。適度の投機マネーは株価形成において潤滑油のような役割を果たしてくれる。

教訓。自分の持ち株の信用売買が増えてきたら株価変動リスクが高まるサインと受け止め、注視していこう。

CASE
39

QUICKコンセンサスの知られざる有力情報

POINT

QUICKコンセンサスには、ファンダメンタルズ分析のほかに、知られざる「需給情報」が隠れている。各銘柄を予想している社数に注目しよう。

陥りやすさ ■■■■□
タイプ　初〜上級者
運用スパン　短期

✕ あなたはこうして失敗する

もし証券アナリストが1兆円以上の資金を扱うオイルマネーのようなファンドに、債務超過に陥るかもしれない銘柄を取り上げて「売り対象です」とプレゼンテーションしたら怒りを買うだろう。

投資家が欲しがるのは、あくまで投資対象にふさわしい銘柄の情報だ。アナリストは、巨大な機関投資家に「売れる情報」を持っている企業かどうか、それゆえ貴重な時間とコストを投じるだけの価値がある銘柄かどうか、という視点で銘柄を選ぶ。

ＱＵＩＣＫコンセンサスは、現在約７００社を日経電子版で掲載している。アナリストが投資判断の対象としているのは上場企業全体のおよそ5分の1に過ぎない。具体的にどこで線引きするかは、各社あるいは個々のアナリストによってまちまちだが、ポイントは時価総額だ。巨大資金を吸収できる流動性の高い銘柄であることが絶対条件になる。そうでないと、投資判断をしたところで現実に取引ができないからだ。

次に、指数採用銘柄。ケース40で解説しているが、投資家のベンチマークなので注目度が高い。このほか、過去の西武鉄道株のように、機関投資家は保有対象の可能性が小さい（ＪＲ3社が基本）ものの、社会的に影響力が大きく、個人投資家の関心も高いためにカバーされるケースもある。

投資判断開始は、有望株かどうかは別にして、世界の投資家に銘柄情報を発信する

図A　評価する会社が少ないほど影響が大きくなる

	予想社数
トヨタ自動車	21
東芝	18
ソフトバンク	15
住友重機械工業	10
ガンホー・オンライン・エンターテイメント	6
テレビ東京HD	4
カゴメ	2

（注）2013年末現在

という点で、投資資金流入の「機会提供」ととらえ直すことができる。

だからこそ、ＱＵＩＣＫコンセンサス更新日における社数の増減に焦点が絞られる。増えていれば需給面でプラス材料。０社→１社、１社→２社などに増えるケースでは一気に認知度が高まるし、一人のアナリストの判断変更の影響も相対的に大きくなる。一方、大手電機や自動車メーカーになると、もともとの母集団が大きいからインパクトは乏しい。

その逆が、アナリストがカバーから外すとき。11年10月、オリンパスが急落し１週間で半値になった。買収をめぐる不透明要因が取り沙汰されたが、このとき有力アナリストが相次いで「投資判断の中断、停止」を発表した。「投資判断をやめます」とは、「分析に値しないので、これからは無視します」という意味で、事実上の「売り」宣言だ。ポートフォリオの処分売りを警戒しなければならない。

このように「ＱＵＩＣＫコンセンサス＝ファンダメンタルズ分析」という固定概念にとらわれていると、需給を一変させる材料を見逃してしまう。

○これだけは知っておこう

●売り推奨できなかったアナリストの歴史

証券アナリストは、1990年ぐらいまで証券会社の営業チームの後方支援のような立場だった。どうすれば買いを正当化できるか説明することを、一義的な役割として背負わされた。今でも証券会社系のアナリストを「セルサイド」のアナリストと呼ぶのは、株式を買わせるための営業の一角に過ぎないという過去のイメージを引きずっているからだ。

昔のアナリストの活動は制約が大きく、よほどのスターでも「この銘柄は売り」とはなかなか言えなかった。軽々に「この銘柄は売り」なんて言おうものなら、社債などの引き受け業務から外されたり、取引を停止されたりするなど、企業から圧力や嫌がらせを受けた。このため「買い」と「中立」はアピールするが、「売り」の場合は投資判断そのものをやめてしまうことが少なくなかった。

バブル崩壊で海外の投資マネーが幅をきかせるにつれて、中立的・客観的な投資判断が求められるようになった。90年代後半になると投資家向け広報（ＩＲ）活動が普及し、企業側の意識改革が進むとともにアナリストの存在感も高まった。

CASE
40

株価指数 採用・除外の功罪

POINT

日経平均株価など、株価指数への採用・除外は需給の一大イベント。資金の流入や流出をもたらし、大きな影響が出る。早まって買うな、逆もまた真なり。

陥りやすさ ■■■■□

タイプ 初〜中級者

運用スパン 短期〜中期

✕

あなたはこうして失敗する

2011年5月17日、海の向こうから東京株式市場にショッキングな情報が飛び込んできた。米指数算出会社モルガン・スタンレー・キャピタル・インターナショナル（MSCI）社が、世界の機関投資家のベンチマークとなっている標準指数から日本株を20銘柄除外したと発表したのだ。当日の東京市場では、除外対象銘柄の大半が急落。専門家の間では、「約1000億円程度の資金流出につながる」との見方が広がった。

指数といえば、日本経済新聞社も日経平均株価を算出しており、定期的に構成銘柄を入れ替えている。入れ替えを発表したときは、必ず記事を掲載している。需給に極めて大きなインパクトを与えるからだ。

ところが、個人投資家はどちらかというとあまり関心を寄せていない。日経平均株価は相場全体の指標だし、ＭＳＣＩ指数は機関投資家のベンチマークなのだから、個人が保有するような銘柄とは直接関係がないイベントと考えているのかもしれない。大きな勘違いである。

これだけは知っておこう

●除外・非採用銘柄は売り圧力がやわらぐことも

指数に新規採用されると、まず確実に需給面ではプラスにはたらく。ＭＳＣＩ指数は海外勢の指標だから、新規採用銘柄は大なり小なり必ず組み入れられる。かなりの株価押し上げ要因になるだろう。

日経平均株価の採用銘柄は、上場株式投資信託（ＥＴＦ）やインデックスファンドなどから、ファンドの値動きを指数に連動させようとする新規買いが入ってくる。日経平均株価連動型のＥＴＦには純資産が２兆円近いものもある。単純計算でも１銘柄当たりそこその買い需要が発生すると予想される。「JPX日経400インデックス」も連動投信が増えると見られ、採用銘柄に要注目だ。

一方で、マイナスの影響も考えなければならない。指数に組み入れられるということは、必ずしも良いことばかりではない。相場全体の動きに左右されやすくなるからだ。仮に決算発表内容が良くても、相場全体が下がる局面では好材料はかき消されてしまう。日経平均先物が思惑的な動きで乱高下すれば、それにともなって、指数組み入れ銘柄も振れ幅が大きくなる。自分の保有株が意図せざる動きをする局面が増え、選び抜いた苦労が報われないかもしれない。

次に、指数から除外されたケースを考えてみよう。ひとまず需給悪化を招くのは間違いない。外国人の場合、1回当たりの売買量が大きいので、構成銘柄

図A　株価指数採用・除外の影響

	採用	除外
プラス	海外機関投資家やETF、インデックス型ファンドなどの新規買いが期待できる	相場全体が急落しても連れ安しにくくなる
マイナス	指数先物取引や裁定取引の影響が増す一方、個別材料の影響を受けにくくなる	一時的に売りが殺到するほか、指数が上がっても物色の圏外に置かれることがある

を外されたときのインパクトもそれなりに大きく、10%近い下げを引き起こすケースも少なくない。

救われることだってある。08年や11年のように、米国や欧州発の要因で相場が大幅に下げるケースだ。こういう局面でまとまった売りを出しているのは、リスク資産を嫌った外国人が中心。だが、最初から外国人の保有資産に入っていない非採用銘柄は売りを浴びせられない。主力株の下げ局面では、相対的に株価パフォーマンスが良くなる傾向がある。

CASE 41

ローソク足で株価の基調転換を読む

POINT

前日比変わらずでも売り優勢、大幅安でも買い優勢のことがある。株価と需給のねじれをローソク足で見ることで、相場の流れを読み解ける。

陥りやすさ ■■■■□

タイプ 初〜中級者

運用スパン 短期

✕ あなたはこうして失敗する

株価が前日と同じ200円で引けたのに、流れが180度変わっているときがある。極端なケースでは、買い優勢で株安、売り優勢で株高というねじれ現象が起こる。初心者は見抜けずに、売り優勢＝株安、買い優勢＝株高という常識的な投資判断をして、買うべきところで買えず、売るべきところで売れないヘマをしてしまう。

このねじれは、プロ野球やサッカーで言う「内容の悪い試合」「内容の良い試合」とほぼ同義と考えてもらえればよい。例えば、3－0で前半リードしていたが、形勢が逆転。終盤3－3まで追い上げられて、かろうじて引き分けたケースだ。スコアだけを見ると力が拮抗しているように見えるが、もう少しでひっくり返されたはずである。

株式取引でも、終値が前日比変わらずだからといって、売りと買いが必ず均衡しているとは言えない。そこで登場するのが、ローソク足という特殊なグラフだ。白色、黒色の四角形とひげのような記号で表す。株価の動き、時間の推移、需給の変化の三つの視点から立体的に分析できる画期的な表示方法と言える。

マニアックな印象を受けるが難しくない。基本部分さえ習熟できれば、十分、需給分析の助っ人になる。

○これだけは知っておこう

●基調転換を一足早く暗示

ローソク足は、形そのものに意味がある。スタート時から上昇して取引が終われば白い長方形を描く。長方形を実体、白色は陽線と呼ぶ。取引開始時点より株価が下がれば、黒い実体で陰線と呼ぶ。

株価の動きをたどりながら、ローソク足を描いてみよう（図A）。初日の株価が180円から200円に上がったとすると、白い足型で表す。次の日に寄付（始値）が220円、終値が200円だっとすると、黒い長方形で描く。初日に急騰した勢いを引き継いで次の日も高く寄り付いたが、なんらかの理由で一気に売り注文がふくらんだことを示す。3日目の株価は2日目の流れを引き継ぐので下落するという流れだ。

株価の上では3日目に大幅安となったが、ローソク足をたどると、2日目にすでに需給が買い優勢から売り優勢に転じた様子が見てとれる。

図A　折れ線グラフ、前日比、ローソク足の3種類でくらべると一目瞭然

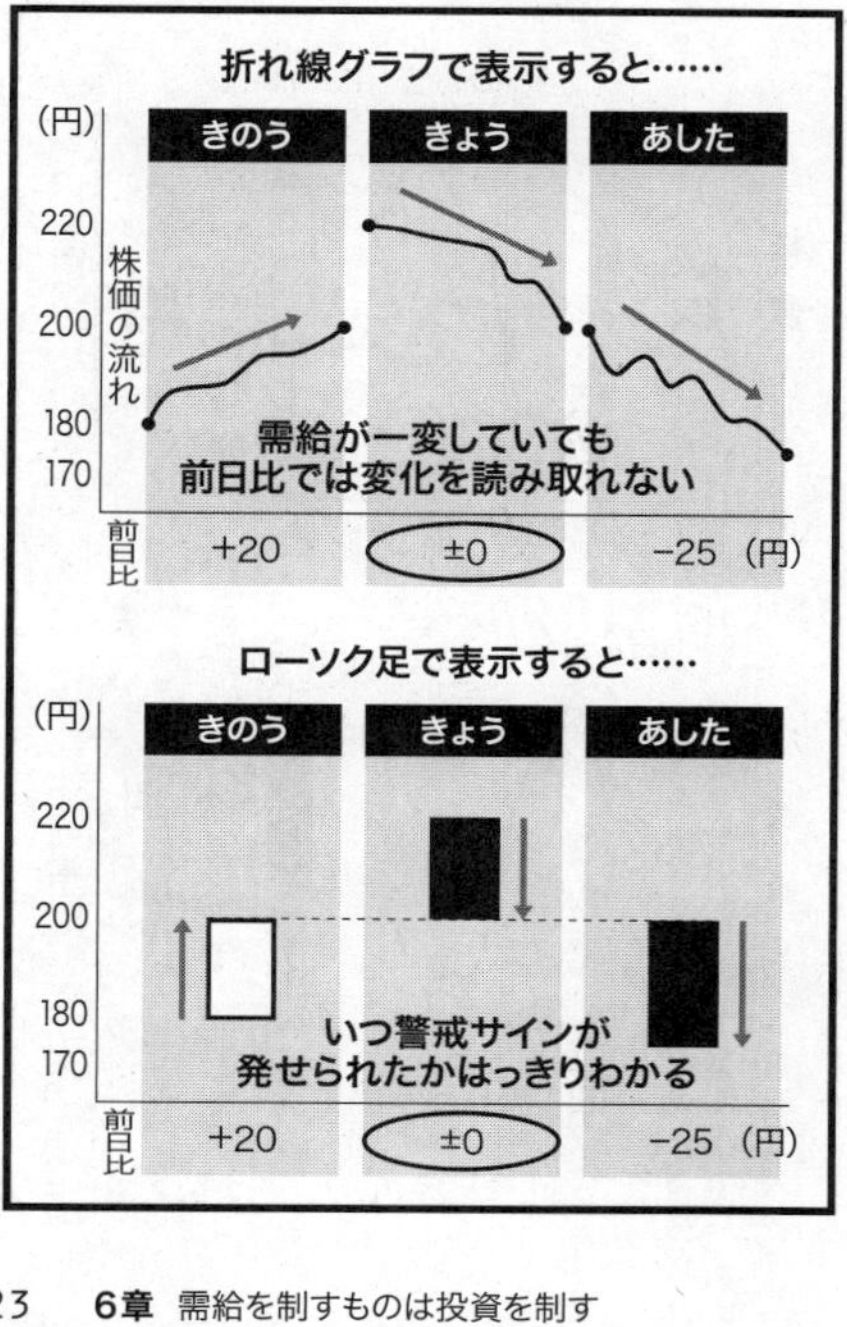

株価の流れもまもなく変わるというシグナルがともっている。

　1日の株価の動きをローソク足に投影させると、図Bのような感じになる。1日で一番高くなった値段と四角い部分（実体）との差はタテの棒線で表す。これを上ひげと言う。一番安い値段＝安値と実体との間に引く線を下ひげと呼ぶ。

　ひげを含めた全体の長さが、1日の株価の変動幅。上ひげ、下ひげが長いと売り買いが激しく交錯し、株価が乱高下したことを示す。ひげがほとんどなく、四角い部分もつぶれている株価は膠着《こうちゃく》感が強かったことを示す。様子見気分が広がり、売り手買

図B　ローソク足の見方

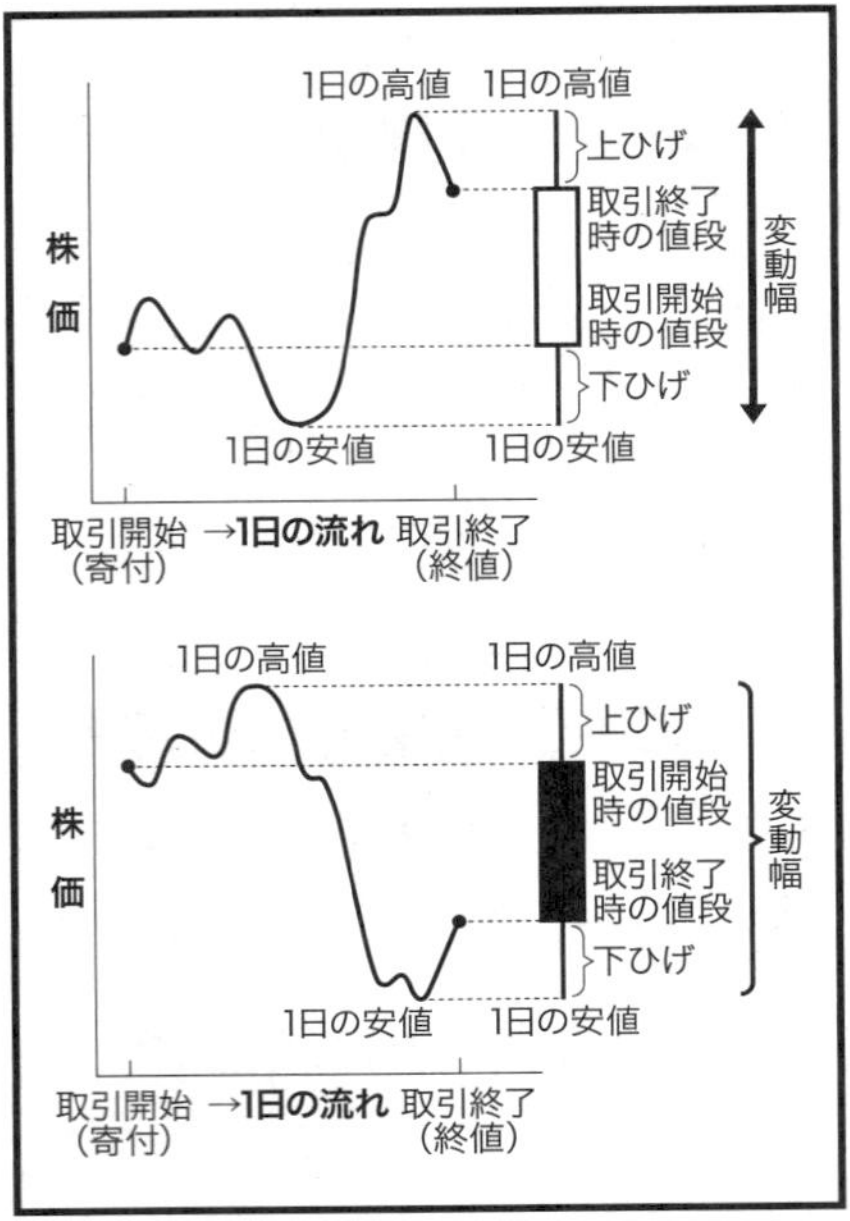

い手とも動きが鈍かったということだ。

●「コツン」大底と天井の音が聞こえる形

図Cのパターンは2日目に制限値幅いっぱい（ストップ高）の300円高まで水準を切り上げ、その後は利益確定売りが出て、終値は150円高に上げ幅を縮めて取引を終えた。終値150円高なので15％高。終値でも強い上昇を示している。

新聞記事には「大幅高」「一時ストップ高」などの見出しが載る。新聞は客観的事実を伝えるのが使命だから致し方ない。ここであなたが、「あとどれぐらい上がるのだろう」と幸せな気持ちでいるようだと失敗する。

ローソク足で表すと、1日の値動きが長い上ひげの陰線。上ひげが長いということは強い上

図C　大幅高なのに売り優勢の流れとローソク足

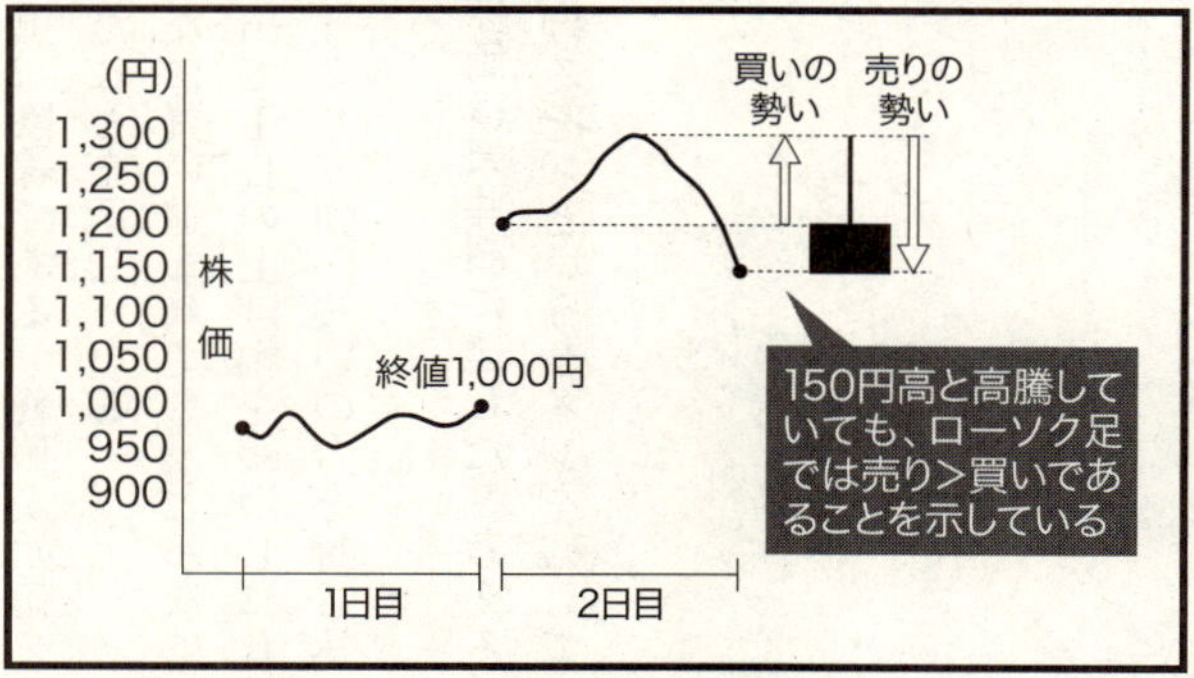

昇局面が一度あったことを意味する。ところが実体は黒、陰線である。終値が始値を下回ったわけだ。買い手の勢いを売り手の勢いが勝ったことを示している。

これが、株価急騰でも売り優勢の正体である。どんなに買い進まれても、どんなにストップ高まで上昇しても、その勢いを上回る売りが出て1日の上げ幅を帳消しにしたわけだから、需給は完全に売り優位と言える。というより、強い買いの力を封じ込めた分、売り方の勢いの方がクローズアップされる。

株価の上昇局面でこの形のローソク足が出たら、株価は天井圏に達したと考える。取引終了（大引け）にかけて、はっきりと明日以降下げるぞ、というサインを残しており「引け味が悪い」という言い方をする。

CASE 42

ローソク足「三羽ガラス」の不吉なサイン

POINT

からかさにとんかち、はらみとつつみ、三羽ガラスに三空——。ローソク足の深読みで相場の吉凶を推理せよ。

陥りやすさ ■■■■□

タイプ 初〜中級者

運用スパン 中期〜長期

✕ あなたはこうして失敗する

「米国株、『三羽ガラス』が示す警戒サイン」——。2012年、日経電子版にこんなタイトルのコラムが掲載された。そのとおり警戒感を抱かれた方はどれぐらいいただろうか。

ローソク足を信じて日本株を売った人はしてやったり。所詮ローソク足など「こじつけに過ぎない」と受け流した人は、8月以降のニューヨーク株調整↓日本株安の流れを読み誤ったかもしれない。

三羽ガラスとは、高値圏で現れたときにもっとも警戒すべきローソク足の組み合わせの一つ。ニューヨーク・ダウ工業株30種平均の週足チャート（図A）で、高値圏で陰線が3本続けて現れ、しかも下値が切り下がっているのがおわかりになるだろうか。

正式な呼び方は「黒三兵」だが、天井圏を形成し、その後の下落を暗示する良くない兆候なので、黒いカラス3羽が不吉なサインを知らせに飛んでくるという意味で、通称「三羽ガラス」と呼ぶ人の方が多いようだ。

実際のニューヨーク株は下落した後、いったん出直ってから急落した。「鬼より怖い二番天井」の格言どおり、8月に見事な二番天井をつけて下落トレンド入りを強めた格好だ。ローソク足は単独でも重要な意味を持つが、組み合わ

図A　ダウ工業株30種平均の週足に現れた三羽ガラス

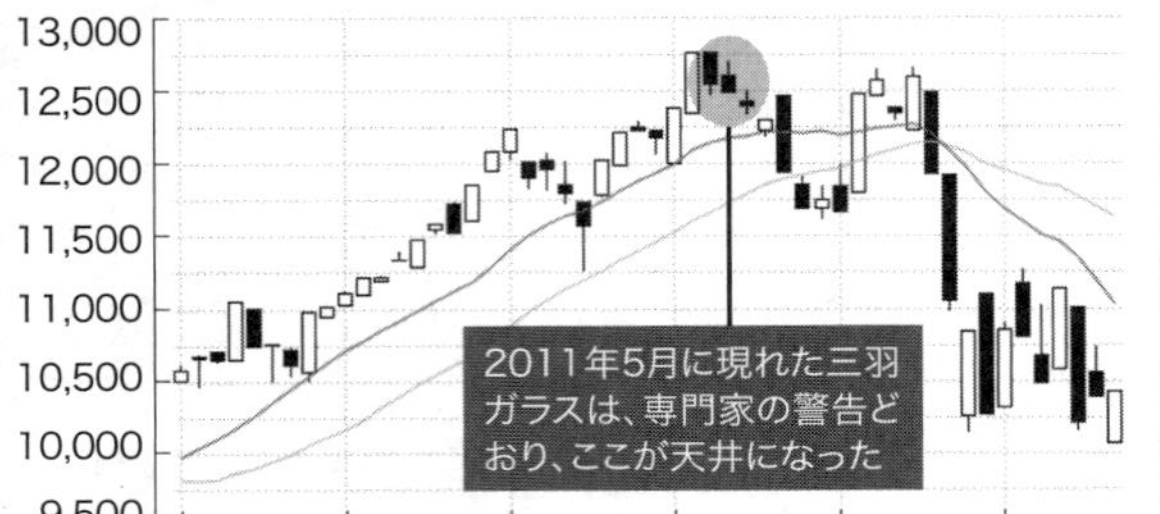

（出所）日経電子版「世界の市況」

せるともっと明確に相場の流れを読み解くことが可能になる。

売り手と買い手の行動や投資心理を想像しながら、ローソク足をたどるクセをつけよう。

○ これだけは知っておこう

● 勢いがもっとも強い丸坊主

ローソク足単独で特に重要な意味を持つ足型を並べた（図B）。ひげがないローソク足を丸坊主と呼ぶ。陽線丸坊主は「寄付＝安値」で「終値＝高値」だから、取引時間中はほぼ一本調子で上げ続けた状況を表し、もっとも強い騰勢を示す。陰線丸坊主はその逆でもっとも弱い状態を表す。

「からかさ」と「とんかち」も典型的な基調

図B　ローソク足が示すシグナル一覧

十字線・寄り引け同時線	こま	陽のからかさ	陰線丸坊主
売り手・買い手とも力が強く拮抗。反発・反落のサイン	売り手と買い手の力はどちらも弱いが、均衡している。もちあい	売り手の勢いが強いが、買い手の力がさらに上回る。底入れのサイン	売り手の勢いがもっとも強い

転換のシグナルだ。下ひげだけが出ている「陽のからかさ」が下落トレンドで出ると上昇基調に変わるサイン、上ひげの「陰のとんかち」が上昇局面で現れると天井のサインとなる。

短いひげが同じ程度で、実体も小さいのが「こま」。売りの勢いも買いの勢いも小さいのでなぎの状態を示す。売り手、買い手のどちらも勢いを欠いているわけで、相場の流れを変えるだけのエネルギーが不足しているため相場が膠着していることを意味する。

「十字線」「寄り引け同時線」は実体がなく、往って来いの状態。こまと同じように売り、買いの力が拮抗しているが、ひげが長ければ長いほど双方の力が強く、その力がぶつかった結果、始値と終値が同じ水準になったことを示す。上昇（下落）トレンドが長く続いた局面で、上ひげ（下ひげ）の長い十字線が出ると売り（買い）の力に相殺されたことを示すので、相場の転機が訪れるサインになる。

●はらみは転機への胎動

相場の先行きは、1日だけの動きより1週間の流れを分析した方が予測精度が増す。ローソク足も、1本の足型だけでなく、連続する2本、あるいは3本以上の足型の組み合わせ、形状からより詳しく需給を読み取れる。基調転換を示す意味で有効な足型の組み合わせとなると、まず「はらみ線」があげられる。

特に、上昇基調が続いた後、前日の陽線実体の中に当日の実体もひげもすべて包み込まれたように小動きになった形を「陰のはらみ」という。前日の陽線が母親のおなか、当日の小さな足型を赤ん坊にたとえている。

前日までの上昇基調の勢いが完全に止まり、下落への転機をうながす「売り方」の胎動が高まり始めたという意味で「はらむ」という言い方をする。「陽のはらみ」は前日までの売りの勢いがピタリと止まり、上昇力が宿り始めたことを意味する。

「つつみ（抱き）線」もはらみと同じように解釈すればよい。「陰のつつみ」は、当日の下

図C　ローソク足の組み合わせが示すシグナル一覧

陰のつつみ	陽のつつみ	陰のはらみ	陽のはらみ
昨日　今日	昨日　今日	昨日　今日	昨日　今日

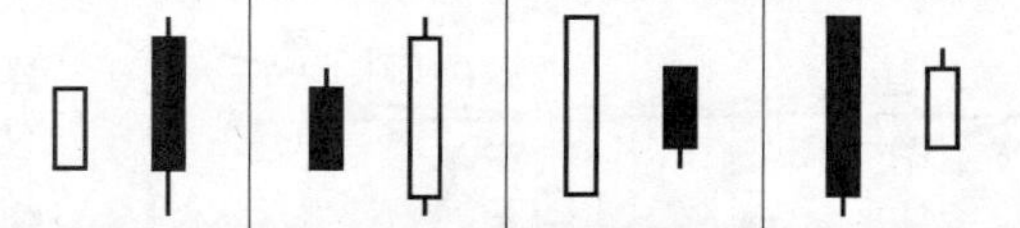

陰のつつみ	陽のつつみ	陰のはらみ	陽のはらみ
前日の陽線を完全に包み込む形。売り方の勢いが前日を上回ったことを示し、天井を形成しやすい	前日の陰線を完全に包み込む形。買い方の勢いが前日を上回ったことを示し、大底を形成しやすい	大幅な上昇後、すべて包み込まれた陰線。買い方の勢いがストップ、下落への転機となるサイン	大幅な下落後、すべて包み込まれた陽線。売り方の勢いがストップ、上昇への転機となるサイン

げがきつく前日の陽線の実体を完全に包みこむ形を指す。その分、出直りはより厳しく天井を打った確率が高い。逆に「陽のつつみ」は当日の上昇力が強く、前日の下げをすべて埋めてなお買いの勢いが持続したわけで、底入れの確率が高くなる。

●三空が出現したら反動安警戒

上げ相場でまれに現れるのが「三空」。上昇の勢いがとりわけ強く、日足や週足に昨日の高値と当日の安値に空間＝窓が生じる。翌日（週）になると、もうこれまでの株価帯では買えない水準に切り上がっているわけで、「押し目待ちに押し目なし」のような地合いになっている。これが3回立て続けに起こったのが三空だ。

２０１２年10月、日経平均株価に「三空」が現れた（図D）。半世紀に一度と言われる歴史的な大相場の渦中にあった05年9月にも、日経平均株価が週

図D　日経平均株価に「三空」が出現した2012年10月

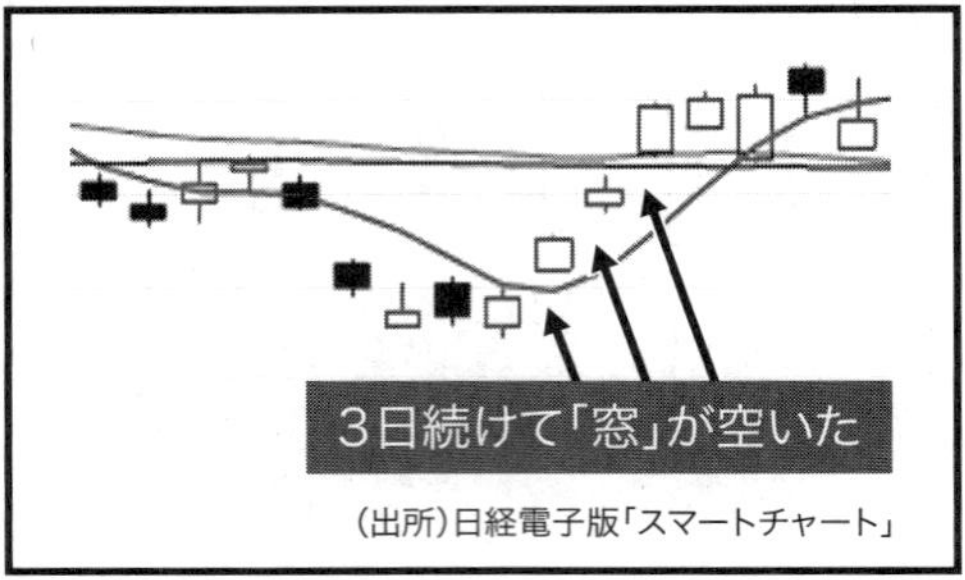

（出所）日経電子版「スマートチャート」

足で三空を形成したことがある。過熱感が強まっているようだと、逆に売りタイミング接近とのシグナルにも受け止められる。

ローソク足は売買タイミングを見極める上での基礎となる。「チャートを持たない投資は、海図を持たずに航海するのに等しい」と言われるが、買ったままじっと保有していればもうかるという長期投資を信用できないのであれば、ローソク足を頼りに積極的な売買を手がけてみてほしい。

相場の先行きを読むサインには、このほかトレンドライン、サイコロジカルライン、ボリンジャーバンド、移動平均線、一目均衡、カギ足、騰落レシオなど実に多くの種類がある。ローソク足とあわせて分析するのも一考だ。

CASE 43

価格帯別累積売買高で需給の「壁」を見つけよ

POINT

押し目買いの目算を狂わせるのは「ヤレヤレの売り」だ。価格帯別累積売買高は、銘柄の需給全体を見渡す鳥瞰《ちょうかん》図。需給の「壁」を発見し、真空地帯で勝負すべし。

陥りやすさ ■■■■■

タイプ　中〜上級者

運用スパン　短期〜長期

✕ あなたはこうして失敗する

狙っていたのはセブン&アイ・ホールディングス。4000円近辺まで値上がりした後、3500円程度まで調整。安値で拾うチャンスと見たあなた、すかさず買い注文を入れた。後は反転、上昇トレンド入りを待つのみ。

株価は算段どおりじりじり上向き始めた、と思いきや1割ほど上昇したところで足踏み。待てど暮らせどなかなか上がらない。1週間もすると力尽きたかのように株価は下がり始めた――。

株式投資の経験者は、おそらく何度かこの「計算違い」に遭遇する。ファンダメンタルズ分析で選び抜いた「上がるはず」の銘柄がすんなりと上昇しないのだ。このトラップに引っかかるパターンはある程度決まっている。人気銘柄が相場全体の下げにつれて大きく売られ、割安になったとみて「押し目買い」を入れた後に高い確率で起こりやすい。

○これだけは知っておこう

●上昇阻むヤレヤレの売り

この現象を読み解くカギは累積売買高を使って見つけることができる。図Aはセブン&アイの価格帯別累積売買高を表している。左の軸から右側へ伸びるグラフに注目してほしい。この横棒グラフは株価の区分ごとに過去1年間（6カ月間）どの程度売買高が滞留したかを示している。

セブン&アイの場合、3700円近辺でグラフが伸びており、過去に大量の売買が蓄積されたと読み取れる。売った株数だけ買った株数があるということ、株価がその後3500円前後の水準で推移していること、などをあわせて考えると、8月以降は

図A　セブン&アイ・ホールディングスの2013年後半の株価

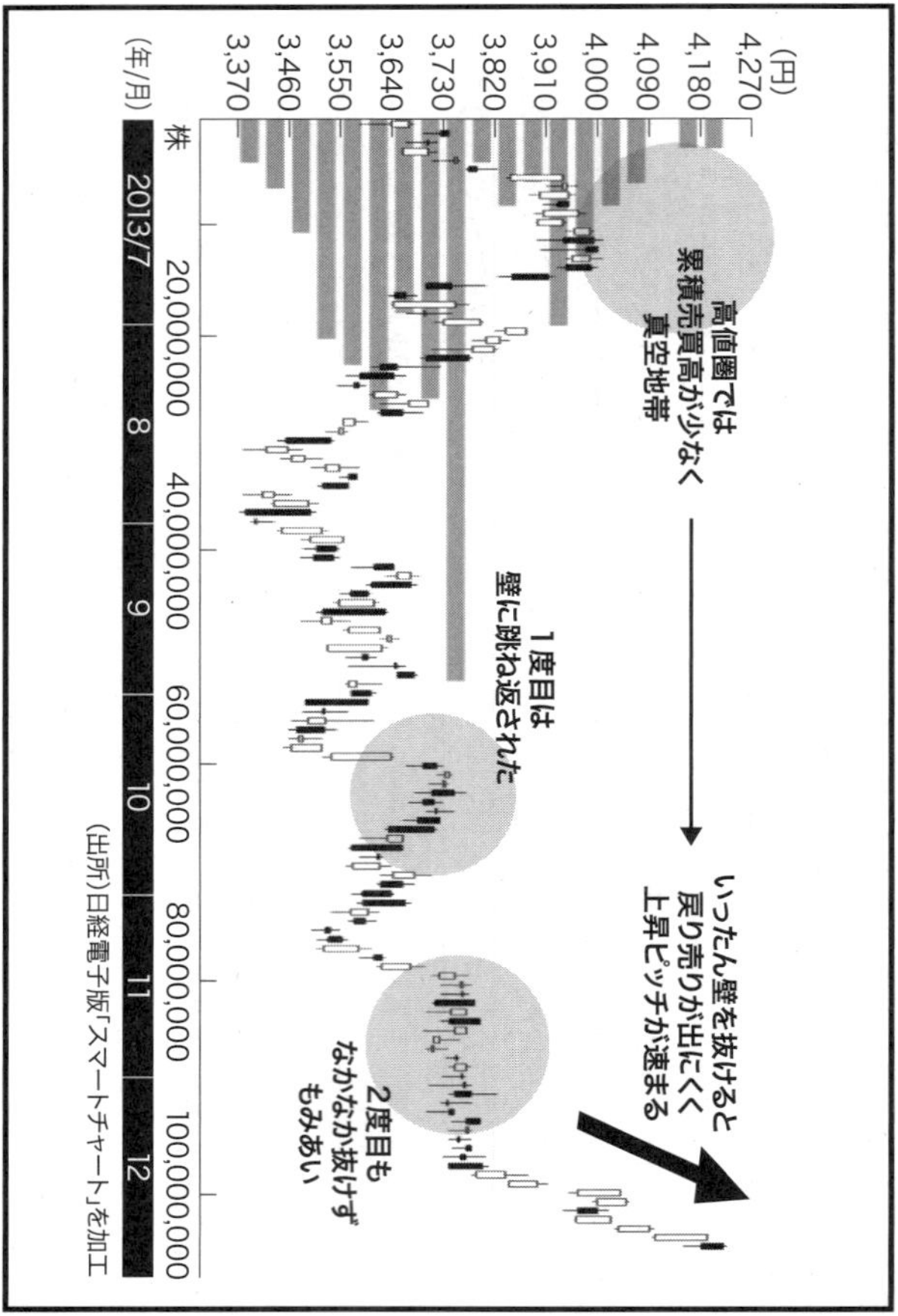

(出所)日経電子版「スマートチャート」を加工

多くの投資家が含み損を抱えてしまったと推定できる。

あなたは「3500円は割安だ。押し目買いの好機が巡ってきた。しめしめ」と思うだろうが、含み損を抱えた投資家はこう考えるかもしれない。「ヤレヤレ、株価が戻ってきた。いったん外そう」。

含み損が解消する3700円近辺で戻り待ちの売りが断続的に出る。株価は上値を押さえられる。これが継続すると市場では「上値が重い」と受け止められ、投資家は戻り売りを出す水準を少しずつ切り下げる。次第に買いがしぼみ、株価は下落トレンドを描く。

累積売買高が積み上がって戻り待ちの売り圧力が強いゾーンを「上値抵抗帯」と呼び、株価の反発を封じ込める。ファンダメンタルズ分析からは有望であっても、この需給の壁が上昇力、反発力を鈍らせる。

●「壁」を突き破るかは売買高＝エネルギー次第

とはいえ、せっかく選び抜いた銘柄。捨てたくはない。戻り売りだって未来永劫続くわけではない。ではいつ消えるのか。毎日の売買高が目安になる。含み損を抱えた株が100株＝累積売買高、毎日の商いがその株価近辺で10株成立すると仮定すると、

100株÷10株＝10日。含み損を抱えた10株が計算上10日間で吸収されて消えていくと考える。

これを業界用語で「日柄調整」と呼び、一定期間株価は低迷する。日々の売買エネルギーが大きいと「ヤレヤレの売り」をこなす量が増え、日柄調整が短縮される。セブン＆アイでは一度跳ね返された後、もう一度3700円近辺でもみあいが続いている。新たな買いが戻り売りと交錯、いわばヤレヤレの売りを買いが吸収、「壁」を突き崩している過程にあたる。

●上場来高値は究極の「真空地帯」

セブン＆アイはとうとう年末にかけて「壁」を上抜けると一気に上昇テンポを速めた。左の累積売買高が少ない価格帯で、ブレーキをかける戻り売りが出にくいからだ。上昇ピッチが速いことがうかがえる。

これを応用するのが「真空地帯」を狙う売買だ。累積売買＝障害物が少ない価格帯をするすると駆け上がるので、短期間で値幅を取る打ってつけの手法と言える。年初来高値をつけた銘柄はたいてい「連日で高値を更新」する。新聞をよく読んでいればわかるはずだ。

売った人がいてももうけが出ている人なのでまた買ってくる。オーバーシュートして割高になりやすいが、需給が勢いをつけてしまう。上場来高値は戻り売りがゼロで全員が含み益の状態なので究極の真空地帯だ。

筆者は価格帯別累積売買高を需給の鳥瞰図と位置づけている。時間単位と価格帯別の2種類の売買高、それと株価の三つの軸を使って立体的に需給の全体像を表しているからだ。ローソク足が短・中期的な基調転換をとらえるのに対して、累積売買高は銘柄の需給の全体像を俯瞰《ふかん》できる。

CASE 44

相場の急加速、「ターボ」現象のメカニズム

POINT

日経平均株価の値動きが取引時間中、突然急加速するときがある。デリバティブが要因で、節目や台替わりでは用心しよう。

陥りやすさ ■■■□□

タイプ 初〜中級者

運用スパン 短期

●「5・23ショック」の教訓

「5・23ショック」。2013年5月の暴落は記憶に新しい。アベノミクスで上げ潮ムードのときに、1日で1100円を超える記録的な下げ。トリガーを引いたのが何かは不明だが、下げを加速したメカニズムは解明できる。

1000円以上の棒下げでなくても、日経平均株価が取引時間中、上げ（下げの）勢いが突然急加速して、400円高や500円安になるケースは頻繁に見られる。自動車のターボエンジンは一定の回転数を超えると急激にパワーがアップし、二段ロ

ケットのように加速する。株式相場では心理的節目や大台と言われる水準を突き抜けようとする過程でこの「ターボ現象」が起こりやすい。

金融派生商品（デリバティブ）取引が深くからんでいる。日経平均が1万5000円台のときにW証券会社がもう下落はないと見て、権利行使株価1万5000円でプット（売る権利）を売り、オプション料500円を得たとする。見通しに反して日経平均が1万5000円割れになった場合、1万5000円以下の水準ではプットの購入者が権利を行使する可能性がある。オプション料500円の利益が帳消しになるのは1万4500円。W証券会社はプットの権利行使による高値づかみ、つまり損失を回避するために日経平均先物でヘッジ売りを出す。そうすれば日経平均が下がっても先物で買い戻せば利益が出て相殺できるからだ。

逆も真なり。例えば日経平均株価が1万5000円のときに1万6000円のコール（買う権利）を売ったとする。日経平均が1万6000円を突破すれば、自分はどんなに上がっても1万6000円で売り向かわなければならない。したがって、上昇に備えて先物で買い建てる。すると節目を突破すると先物買いがさらに増えて上昇が加速する。

行使価格到来で売り（買い）が売り（買い）を呼ぶ循環に陥ることを「トリガー（引

み《ママ》

き金）を引く」「地雷を踏む」などと形容する。オプションの行使価格は５００円刻みが多いので注意を払う必要がある。

このターボ現象が起こりやすいのは相場全体の値動きが膠着、あるいはトレンドラインが「三角もちあい」を描いた後だ。膠着感が長引くと投信やヘッジファンドが少しでも運用益をかせごうとオプションを両建て、つまりコールとプットをセットで売却するケースが増える。

そのままレンジ内で一進一退が続けばオプション料がまるまるもうかる。しかし、相場観が外れてトレンドを形成し始めると権利行使に備えなければいけない。だから値動きに爆発力が増す。三角もちあいなどが長引くと「市場にマグマが溜まる」というのは実はこういう仕組みなのである。

7章 ピンチを切り抜ける秘策

急病になったり、事故で瀕死の重傷を負っても、対処が早く、適切な処置をこうじれば一命をとりとめる可能性が高くなるし、傷も早く治る。「万一」に備えた対策として保険もある。

資産運用の世界もまったく同じで、大切な金融資産を守るために予防策をこうじたり、緊急避難マニュアルを実践しなければならない。

「しまったと思ったら（手）仕舞え」という格言は、失敗したときの初動の大切さを説いている。本章では、危機に直面した場合に「打つ手なし」とサジを投げるのではなく、損失を軽減し、窮地から抜け出す秘策を紹介する。

CASE 45

塩漬け株は金融資産の不良在庫。すぐに処分を

POINT

企業と違い個人は「塩漬け」という不良資産を手放さない傾向がある。「見切り千両、損切り万両」の格言どおり、すぐに売却して現金化した方が挽回の機会を多く得られる。

陥りやすさ ■■■■■
タイプ 初〜中級者
運用スパン 短期〜長期

✕ あなたはこうして失敗する

「見切り千両、損切り万両」。すばやく見切りをつけて損失を確定する勇気は、後に値千金の利益を生む、という意味で、損切りの大切さと損切りに踏み切る早さの重要性を説いている。格言が教える意味を客観的、合理的に検証してみよう。

「アベノミクス」で株式相場は復活したが、２００６〜07年前後に株式や投信を買った方の多くがまだ含み損を抱えているのではなかろうか。05年の株式相場は空前の活況に沸き、弱気で名を馳《は》せた著名ストラテジストが「来年は２万２０００円まで上が

る」と翻《ひるがえ》るなど、市場は強気一色に染まった。

だが、やはり歴史は繰り返す。「山高ければ谷深し」の格言どおり、08年は米国発の金融危機で日経平均株価は月間3000円も下がるなど、100年に一度の暴風雨の中で株価は大幅調整が続いた。

このとき、脱兎のごとく株式を処分、投信を解約したという方がいたら、それはもう顕彰もの。この本を読む必要はないだろう。

「どうしよう」と右往左往したり、「今売ったら大損確定、戻りを待ってから……」と逡巡しているうちに相場が下がり続け、傷口を広げてしまったというのが大方のパターンだろう。そして、株式と投信の塩漬けが確定。あなたは「仕方ない。投資は長期保有が王道だし……」と、傷みを忘れるための理屈を考え始める。

○これだけは知っておこう

●使える「2割損切り」ルール

もしこんな状況にあるなら、即刻、処分・解約をすすめる。これには合理的な根拠がある。株価は未来永劫上がるわけでもないし、逆に下がるわけでもない。必ず反転、上昇する。損切りして売却すれば現金を手にできる。株価の反発時に手元に資金があれば、「損失を取り戻すべく挽回」という行動も選択肢に入れることが可能になる。株式投資はうんざりなら、債券や金でも買えばいい。少しでも損失を埋め合わせできるはずだ。

では、手元に資金がなければどうなるだろうか。株価が買値近辺に戻ってくるのをひたすら待つだけである。それまで何もできない。いつ回復するかもわからない。つまり、塩漬けとは、換金せず資金を固定化してしまうことを意味する。

図Aは三井住友FGの過去約9年間の株式分割考慮後の株価チャート。ほかの銀行、証券株あるいは大手電機株も同じような軌跡を描いている。仮に、高値圏で買うという最悪

図A 「2割損切り」の威力は大きい

(出所)日経電子版

の状況を考える。三井住友FGならさしずめ1万2000円ぐらい。ここで20％下がったら損切りするルールを厳守すれば、9600円で売却することになる。2400円の損失だ。そのときは痛いと思うが、その後の株価を見れば傷は浅かったという格好になる。2010年以降、株価低迷局面ではどのタイミングで買い直しても13年末で2500円程度の含み益が出る。

この内容を日経電子版で取り上げたところ、「後講釈でナンセンス」とツイッターやブログなどで評価した方が何人もおられた。まったく的外れの解釈になっているようなので、さらに噛み砕いて説明する。株価の上げ下げが当たったとか外れたとかいうことではない。損切りによって、次に投じるための待機資金を作ったことが重要なのだ。

日経平均ETFなどでも同じことが言える。指数はもっと回復しているので、挽回の機会も増え、もうけが何倍にもなる可能性がある。

●塩漬け中でも手数料をむしりとる投信

塩漬け株は在庫と似ている。在庫がたまると、資金が固定化される。運転資金を借り入れに依存していれば、金利負担ものしかかる。投信はもっと始末が悪い。信託報酬が2%や3%にもなるから、膏血《こうけつ》を絞るがごとくなお資産を減らしていく。アクティブ型の株式投信は、一度深く元本を割ったらまず資産は回復しない。元本回復は難しそうと判断したら、即刻、勉強料だと思って解約すべきである。

一般に、人は含み益が出ると早めに実現させようという保守的な心理がはたらく半面、含み損の場合は損を確定させたくないという損失先送り効果が支配する。正しい投資行動はまったくの逆で、損失が出たらさっさと手仕舞い、一刻も早く現金化することだ。逆に含み益が出始めたら、できるだけ長く待つべきだ。

CASE 46

上昇・下落のリスクに備える金融商品

POINT

保有株を売れないときに下落リスクを緩和し、手元資金が少ないときに上昇リスクに備える手法がある。ミニ日経平均先物（日経225mini）を活用せよ。

陥りやすさ ■■■■□

タイプ　中級者

運用スパン　短期〜中期

●ミニ日経平均先物のヘッジ効果

含み損を抱えていて売るに売れない現物株を持っているときに、さらに下値不安が高まってきた。さあ、どうする？　輸出株に先高観が台頭し、上昇に弾みがつきそうだ。だがお金がない。さあ、どうする？

こんなときに、かんたんに価格変動リスクをヘッジできる手法がある。ミニ日経平均先物（日経225mini）の利用だ。

細かいルールはさておき、取引自体はかんたんで、経験の浅い個人投資家でもなじめる。ＦＸ（外国為替証拠金）取引と同じく証拠金取引の一種だ。レバレッジをきかせるために投機性が強いと思われがちだが、もともと先物取引の本来の目的は現物株のヘッジ。個人こそ大いに利用してみたい。

ミニ日経平均先物は、日経平均先物を10分の１のサイズにしており、個人の資金量でも十分扱える。日経平均を構成する現物株が売り気配のまま値段がつかないときでも、流動性が高いため先に値段がつく。このため、リスクヘッジに活用しやすい。

ミニ日経平均先物は、実際の値段の１００倍の元本を動かす。日経平均先物を1万５０００円と仮定すると、1万５０００円×１００倍＝１５０万円。ミニ日経平均先物を１枚買えば、１５０万円の先物を買ったことになるし、１枚売れば１５０万円売ったことになる。

最低限必要な証拠金は６〜８万円前後。ＳＰＡＮパラメーターという基準値から証券各社が独自に設定し、相場が上がってくれれば証拠金も少しずつ上がる。10万円もあればだいたいどこのネット証券でも売買が可能なので、ここでは投資元本として10万円を差し入れたと仮定する。

1万５０００円から1万６０００円に上がれば、１０００円の１００倍＝10万円がもうけ。投資元本10万円に対するリターンは１００％。レバレッジが効いている。

●相場の下落に備える売買手法

今回はリスクヘッジとして使うので、まず相場の下落に備えてみる。

さて、あなたの株式保有資産残高が２００万円だったとしよう。実際の運用資産に近い水準を意識すればよいから、１万５０００円で１枚を売り建てる。想定元本は１５０万円。日経平均株価と日経平均先物が１万５０００円から１万４０００円に６・７％下がったとする。あなたの運用資産は２００万円から６・７％目減りして約１８７万円になった。ここで、１万５０００円で売った先物を１万４０００円で買い戻す。１０００円の利益だが、実際には１００倍の10万円がもうけになる。現物株の損失13万円のうち10万円がヘッジされたというわけだ。

相場が５％上昇したときはどうか。本当の運用資産は２００万円×１・05＝２１０万円で10万円の利益が出た。先物は１万５０００円で売り建てて１万５７５０円になったので、７５０円×１００倍＝７・５万円の損失だ。10－７・５＝２・５万円のリターンを享受できる。先物自体にロスカット・ルールを設けておけばもっとリターンはふくらむ。

CASE 47

的中率90%の必勝法は存在するか

POINT

ギャンブルと同じく、投資の世界でも必勝法は存在しない。魔法のようにもうかる方法があったとしても、すぐにまねされるからだ。ただし、必勝法を探求する姿勢は重要だ。

陥りやすさ	■■■■□
タイプ	初～中級者
運用スパン	中期～長期

✕ あなたはこうして失敗する

だいたい汗もかかず、不労所得で楽して食っていこうとする考えが間違いのもとである。「必ず1日10万円以上もうかる投資テクニック」「新規公開株で億万長者に絶対なれる秘訣」といった類の必勝法は九分九厘まがいものだ。

筆者も競馬の必勝本を過去何冊も買い集めたが、それらは必敗本だった。ギャンブルだけでなく、投資の世界でも必勝法なるものは存在しない。もし、魔法のようにもうかる方法があったとしても、誰かがすぐまねをして（効率的市場の仮説）収益機会は解消してしまう。

1990年前後はその魔法が存在した。裁定取引といって、実際の先物相場と現物株指数から導いた先物理論値との価格差を利用して金利収入を得る手法だ。当時は謎の取引としてベールに包まれていた。理論値より500円以上価格差が開くこともあり、外国の有力証券会社は巨万の富を得た。

今では裁定取引などどの証券会社でも可能で、理論値とのギャップは1分も立たずに解消してしまう。魔法は消えたのである。

○これだけは知っておこう

●円相場と2倍以上の相関性を発見

だが、一握りのカリスマと呼ばれるデイ・トレーダーが存在する。彼らの中には、継続して年間1億円以上稼ぎ、資産を200億円以上に増やした人もいる。ノウハウを明かしてくれないが、みな勉強熱心だ。門外不出の方法にたどりついたのかもしれない。

筆者は今日の株価が上がるか下がるかを予見できれば、必勝法につながるのではないかと考えている。ヒントになるかもしれないので紹介しよう。

日経平均株価と円相場を長期間にわたって対比させてみたのが図Aのグラフだ。円相場が上昇すると日本株がその何倍もの勢いで下落し、円安が進むと株式相場はそれ以上の上昇を見せていることが読み取れる。「円高で輸出株に売り」のフレーズは耳にタコができるほど聞いたあなた。日本株全体がこれほど永続的に、かつ強烈にインパクトを受けていたことは認識されていなかったのではないか。

おそらく輸出株が動くと日経平均先物にヘッジの注文が入り、相場全体をつき動かす。また円高になるとリスクオフが鮮明になり、日本株全体から資金が引き揚げられ

図A　日本株はドル円の2～4倍程度の値動きを見せる

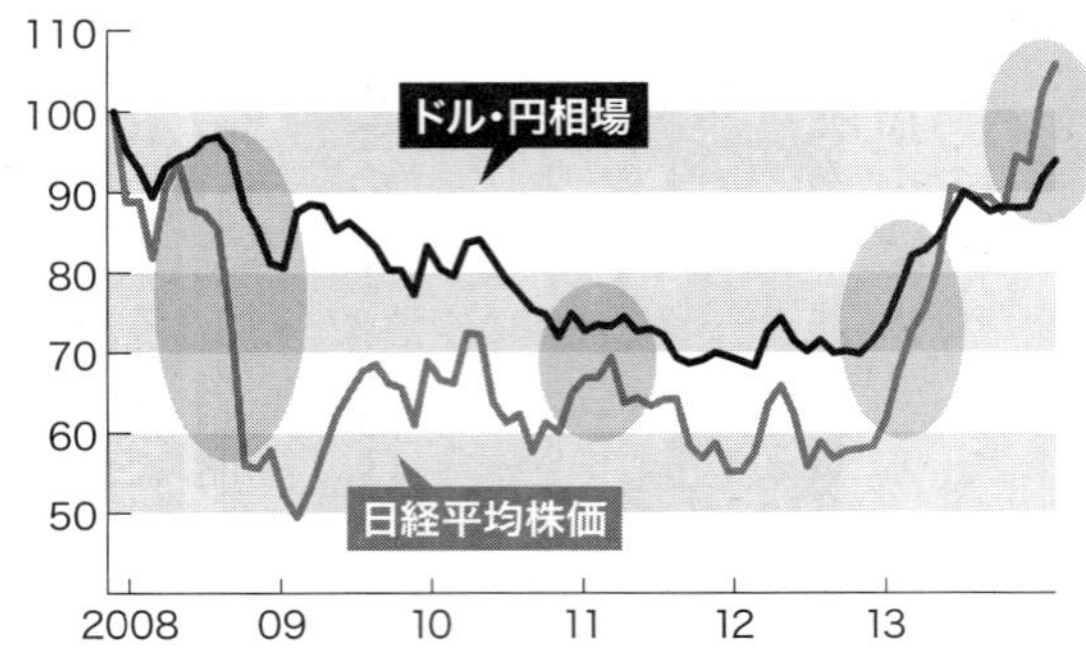

(注)2007年12月＝100として指数化

る。理由はいろいろあるけれど、ここから導き出せるのは円と日本株は常にβ値がマイナス1以上であることだ。つまり、2倍、3倍での逆相関関係が成り立っているということだ。米金融緩和縮小や日銀緩和継続ならドル買い・円売り―日本株買い、のポジションを組めばよい。前日のニューヨーク外為市場でのドル相場を見て短期売買しても勝てる確率は高いだろう。実際に2013年は、グローバルマクロ系の巨大ファンドがこの売買を繰り返したと言われている。

また、11年ごろは日本株が米国株の写真相場のように動き、その連動性は約90%だった。前日のニューヨーク株と同じベクトルで日本株に売買注文を出せば9割の確率で勝てた。

この項で申し上げたいのは、紹介した方法が必勝法になりうるかどうかではなく、筆者が地道に調べたデータ収集と分析の結果である点だ。高度なツールや難解な指南書は不要。どこにでもあるデータを積み上げ、投資の材料として自ら考えることで、からまっていた糸がほぐれ、知らなかった世界が見えてくる。

CASE 48

ヘッジファンドの極意を盗め

POINT

「ヘッジファンドは投機」は偏見だ。リスクを限定する手堅い手法で投資を行っているファンドもある。個人投資家でも可能な方法は、学んで損はない。

陥りやすさ ■■■■□

タイプ 中〜上級者

運用スパン 短期〜中期

✕ あなたはこうして失敗する

「ヘッジファンドなどの一部投機筋からまとまった売りが出て……」といった記事が数多く流れるせいか、ヘッジファンド＝投機売買、投機資金と思い込んでいる人が多いようだ。確かに、株価指数先物やオプション、店頭デリバティブなどを駆使してレバレッジをきかせ、少額の資金で多くの利益を得ようとするファンドもある。

しかし、もともとはその名のとおり「ヘッジ」が目的。リスク限定を意識して、手堅く稼ぐタイプのファンドは少なくない。その手法は理にかなっており、個人投資家の参考になりそうな売買手法もある。

ヘッジファンドなんて無縁、別世界の話とそっぽを向くのは一種の偏見。むしろ「ヘッジファンドはノウハウの宝庫だ」ぐらいのとらえ方をして、盗めるものは盗んでスキルアップにつなげよう。

○これだけは知っておこう

●ロング・ショートでリスクを軽減

知っていて損はないのが、同じ業種や似た収益構造の銘柄を探して買い材料の多い銘柄を買い(ロング)、売り材料の銘柄を信用で売る(ショート)マーケットニュートラル、ロング・ショートなどと呼ばれる手法だ。

図Aは富士重工業と日産自動車の株価チャートだ。富士重の2014年3月期営業利益は前期比2・3倍と大幅に最高益を更新する見通し。反して日産自動車は商品競争力が低下し11%の増益。最高益の半分ほどでさびしい状況だ。株価は富士重が上場来高値圏にあるのに対して日産は伸び悩んでいる。

そこで、「富士重買い・日産売り」のポジションを組む。読みどおり富士重が一段高となり、日産がさらに下がれば反対売買でかなりのリターンを狙える。

一方、相場全体に先安観が台頭して富士重が下落した場合、業績に魅力の乏しい日産も同時に下がる可能性が高い。一定のタイミングで反対売買すれば日産の買い戻しによる売買益が出て富士重の損失を相殺できるはずだ。

リスクとリターンは1：1で表裏一体と説明したが、同業種で業績に明暗の分かれた銘柄を選んで「ロング・ショート」を組むとリスクを封じ込めながら高めのリターンを狙える。外れる場合もあるが、ヘッジファンドの有効な手法として参考にできる。

図A 「富士重買い・日産売り」で相場観が外れた場合を相殺

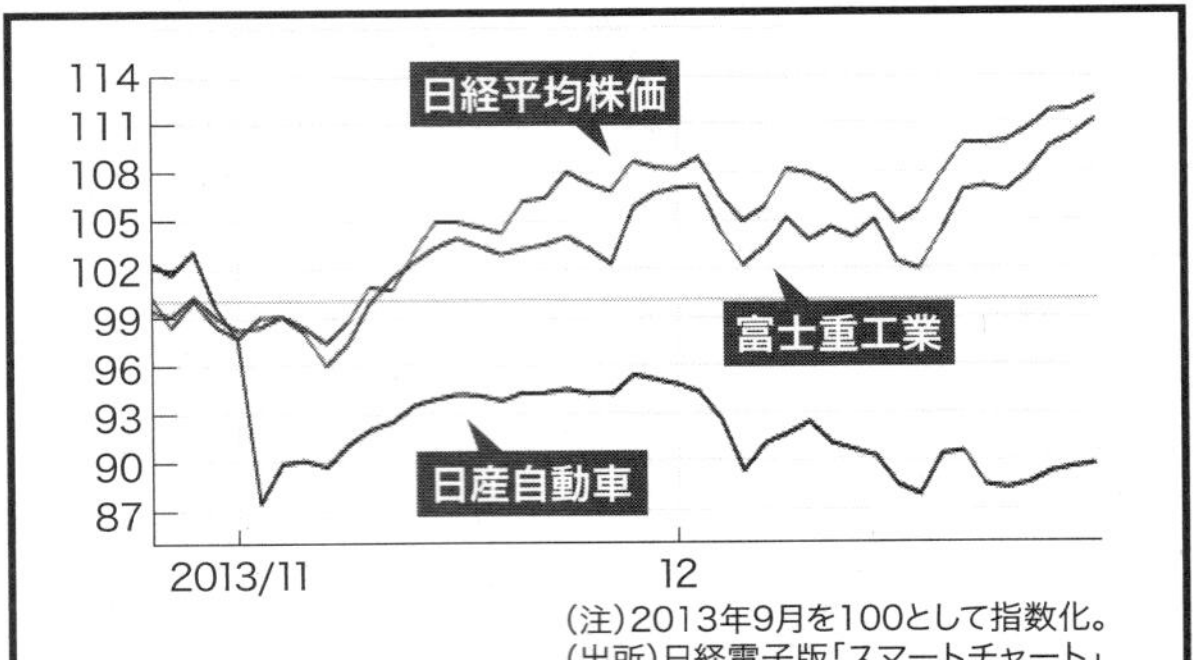

(注)2013年9月を100として指数化。
(出所)日経電子版「スマートチャート」

CASE 49

塩漬け株でもリターンを増やせる奥の手

POINT

少額の資金で保有株の値下がりに保険をかけたり、株価が膠着してももうかるハイテクニックが存在する。

陥りやすさ ■■■□□

タイプ　中〜上級者

運用スパン　短期〜中期

●オプション料をもらって穴埋め

塩漬け株でもリターンを増やせる奥の手が存在する。「カバード・コール」（通称「かばこ」）と言い、東京証券取引所に上場している個別株オプションを利用する。

P株を3000円で100株買った（3000円×100株＝30万円）が、株価は一段安になり、2600円の年初来安値圏に沈んだ。下落率2割で含み損が4万円。超円高、米景気減速懸念などで、当面、株価は上がりそうにない。塩漬けになりそうな気配だ。

そこで、半年後にP株を3000円で買う権利（コールオプション）を150円で売る。売買単位は株式と同じ100株。150円×100株＝1万5000円が手元に入った。30万円の元本に対して1万5000円を得たので、利回りは5％。仮に、半年後、もう一度コールを売る（条件は同じと仮定）と年換算10％のリターンになる。含み損の4万円のうち、75％を埋めた計算になる。

ただし、半年経過後もP株が3000円未満で推移していることが前提だ。相手方は買う権利を持っているが、3000円未満の株を3000円で買う人はいない。権利を放棄するだろう。

あなたはまるまる150円（1万5000

図A　カバード・コールの損益イメージ

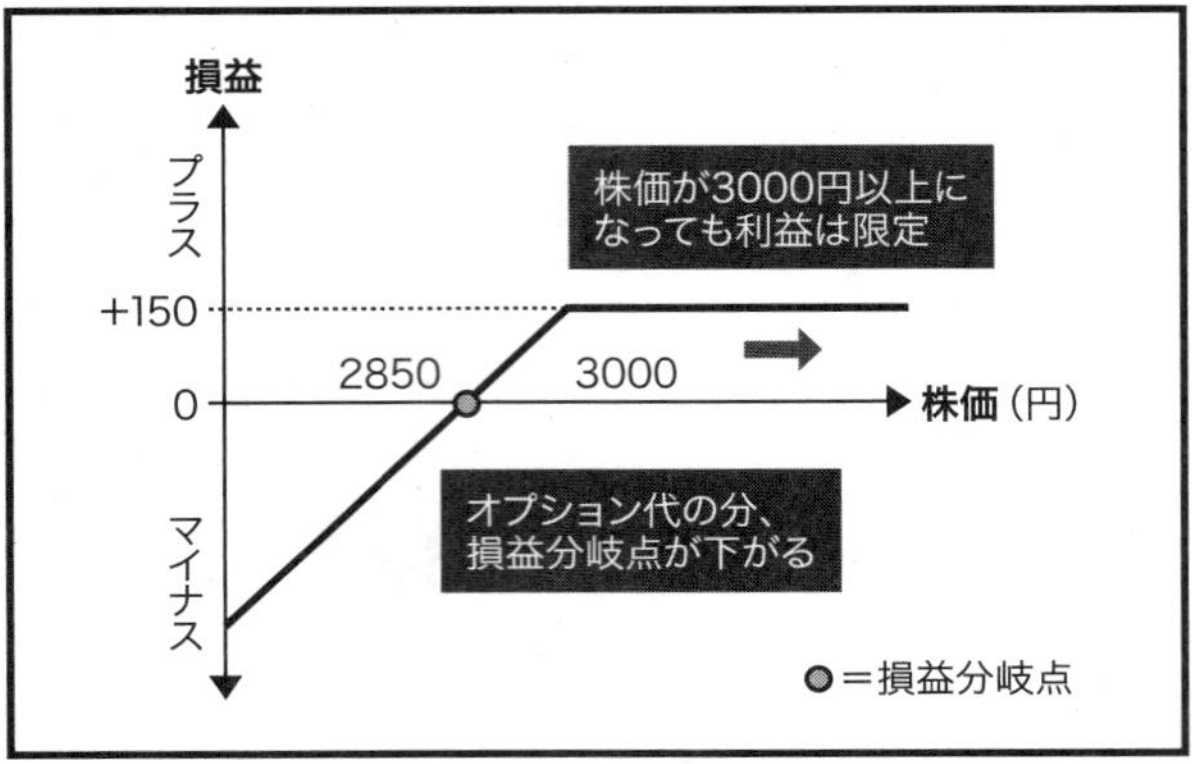

0円）を手にできる。つまり、塩漬け状態でこそ威力を発揮するのだ。

では、P株が3500円に上昇していればどうか。相手方は権利を行使して決済日に3000円で買うだろう。3000円で買って3500円で売れば、一瞬で500円抜けるからだ。あなたは市場で3500円で売れるはずのP株を、コール購入者に3000円で譲らなければならない。500円の値上がり益を得る機会を放棄したわけだ。だが、元本で売れるので損益はトントン。オプション料150円分だけリターンを得た形になる。

塩漬けの状態が長引いても、上手に保有株に対するコール売りを繰り返すことで収益を増やし、わずかずつでも損失を取り戻していく。

●個別株が対象外ならETF型も活用

個別株オプションの対象になっているのは、日経平均に連動するETF「上場インデックスファンド225」。実際のヒストリカルデータやβ値などから連動性を調べて取引を始めよう。

例えば、P株が3000円以上になっているときには、経験則上、日経平均株価は1万円を回復していると読む。そこで、上場インデックスファンド225を1万円で買う権利（コール）を300円で3単位（30株）売る。P株の元本に合わせるために、上場インデックスファンド225も原資産ベースで30万円相当を売る。

手に入る資金は300円×30株＝9000円で、30万円に対する年換算利回りは3％。ETFが半年後に1万円に満たなかったら、3％はまるまる享受できる。1万円を超えていれば、相手方は1万円で買うと権利を行使してくるので、ETFを1万円で売らなければならない。

実際には1万円以上の水準になっているETFを1万円で売る分、あなたは機会損失をこうむる。だが、同時に手持ちのP株は3000円以上に戻っているはずなので、埋め合わせできる。この方法を使う際は、日経平均が1万円を超えそうな時点で、権利行使に備えてミニ日経平均先物を買い建てるとほぼ完全にヘッジできる。

逆に保有株が下がりそうな場合は売る権利を買って「プロテクティブ・プット」というポジションを作る。株価が膠着して値上がり益が見込めないなら、コールとプットを同時に売るストラングルの売りを出してオプション代をかせぐという投信がよく使う手法だ。オプションの認知度は低いが、海外では頻繁に利用されている。個別株オプションと現物、先物を組み合わせると、株価が下げても株式が塩漬けでも、巻き返しの選択肢が広がるのでチャレンジしてほしい。

CASE
50

一瞬で5割を稼げる「おもちゃ」がある

POINT

株価が10円未満の「おもちゃ」と言われる銘柄がある。一瞬で4割も5割も稼げるかもしれないが、もはやただのギャンブラーである。

陥りやすさ ■■□□□
タイプ 初〜中級者
運用スパン 短期

●超低位株は何らかの問題を抱えている

グラフはある銘柄のチャートだ。2013年は4円から14円のレンジで推移した。もし1日で4円から6円に上がれば値上がり率5割。20万円投じれば30万円になる。10円以下の超低位株はいつの時代にも存在し、一定のファンを集めている。

3年ほど前には1〜3円程度の銘柄もあり、「1カイ2ヤリ（売り）」のマジックが使えた。たとえば1円で指値買い注文を10万株出す。約定すればすかさず2円で10万株成り行き売り注文を出す。毎日2円か3円で取引は成立しているので、うまくいけば一瞬で10万円が20万円になる。リターンは100%だ。1日で何回か繰り返せばへそくりが何倍にも化ける。主婦や学生に人気があったようだ。最近でも10円前後の銘柄はそこそこあるので投機家が群がるのだろう。

この味をしめたら長期保有なんてばかばかしくなる。必死に本を読んで、情報を探し、分析して乾坤一擲《けんこんいってき》で買っても1年間で4割、5割もうけられるかどうかわからない。一方、超低位株は何も考えずに1日で5割の値ざやを楽に抜けるかもしれない。

株価が5円とか10円という異常値になるのは理由がある。たいていが債務超過か、キャッシュフローがマイナス。売り上げ規模も小さくて事業会社の体をなしていない。上場廃止基準に一時抵触するなど存続が危ぶまれるケースが多い。

図A　ある超低位株の株価推移

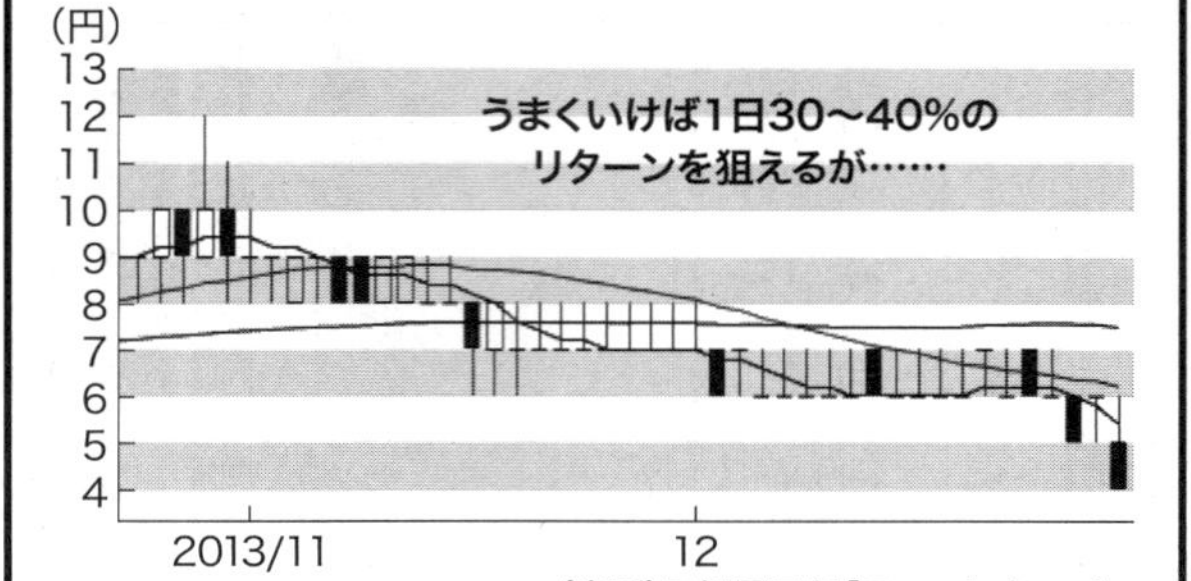

(出所)日経電子版「スマートチャート」

いつ市場から消えてもおかしくないし、誰も会社に将来があると思っていないが、そこに50％のリターンという麻薬がある限り、大量の資金が流れ込む。1日50％は無理でも10％や20％の値ざやを抜けるなら十分リスク許容範囲だからだ。

マネーは正直だ。だが、そこにはPERもPBRもなければ、投資戦略の4文字もない。カネを転がすだけの投機筋の「おもちゃ」だ。どうか、この本の読者の方々に限っては、資金を転がすだけのモラルなき投機家になり果てることのなきよう。

CASE
51

育てた資産を次世代へ。最強の武器は投資教育にあり

POINT

あなたが天寿をまっとうした後を考えよう。投資教育によって妻や子どもがファンドマネジャーになり、超長期の資産形成を引き継いでくれる。

陥りやすさ ■■■■□
タイプ　初〜上級者
運用スパン　長期

✕ あなたはこうして失敗する

NISAや確定拠出年金導入を背景に、あなたは40代後半からあわてて勉強を始めた。800円（税別）で買った本書もなにがしかの役に立ち、25年間で金融資産を2000万円増やした。立派である。悠々自適の老後を楽しんでいたが、持病が悪化。苦労して増やした資産を使いきらないうちに、あなたは天寿をまっとうしてしまった。

妻と2人の子どもはあなた名義の株や投信を相続したが、資産運用はあなたにまかせっきりだったので投資についてはズブの素人。あなたが10年後、20年後には大化け

すると期待していた銘柄も、配当利回りの高いREITも、人気になる前から仕込んでいた投信も、きれいさっぱり処分売りしてしまった。

「あーもったいない。なんてことをしてくれるんだ」。あなたは天国でうらめしそうにつぶやいている。

○これだけは知っておこう

●小中学生から始めよ。投資力はセンスと経験

大学3年生になる愚息はせっせとカネを貯めている。レジデント（研修医）修了までのあと6年で600万円用意して、将来の開業（か留学？）に備えるのが目標とか。すでにン百万円持っているようなので「もう20歳だしNISAで投信でも買ったらどうだ？」とけしかけると、「カネはまじめに働いて手に入れるもんだ。株や投信でもうけようっていう考えが気にいらん」と説教され、閉口してしまった。一方、下の娘はカネを使うことにしか興味がない。投資教育をやっておけばと悔んでいる。

海外のスクールでは幼少期から投資教育に力を入れ、選択科目として金融などの授業を受けるところもある。投資力はセンスと経験が必要。センスを磨き、経験を積む

にはスタート時期は早い方が良い。

投資教育などにつとめるI－Oウェルス・アドバイザーズ社長の岡本和久さんから以前、ユニークな貯金箱をいただいた。SAVE（貯蓄）、SPEND（消費）、INVEST（投資）、DONATE（寄付）の四つに区分されており、おカネとの付き合い方がわかる仕組みだ。

お小遣いを3万円ほど貯めた子どもがいれば、1万円をユーロ、1万円をドルに換金させる。何カ月かして「今、君の1万円は1万3００円に増えたよ」と教える。なぜ増えたかをドル・円レートと米国の経済から説いてあげる。わからなくても、外貨で持つと「おカネの価値が変動（＝リスク）」することを子どもは実感する。お小遣いを自分の力で増やせることもおぼえるだろう。

妻や子どもがしっかりしたファンドマネジャーに育てば、自分の資産をさらに増やしてくれる可能性が高まる。あなたが60歳で始めても2世代なら20年、30年という時間軸での運用設計ができる。

●かんたんに力のつく五つの勉強法

投資教育のやり方はさまざまだが、即効性のある五つの勉強法を紹介しよう。いずれもかんたんにできるので、試してみるとよい。

一・生命保険や相続資産、ローンなどを洗い出し、皮算用せよ

財産は株や投信だけではない。生命保険や学資保険、遺産相続、あるいは負の財産としてローンもある。リスク運用はその一部を切り出すものだ。出発点は全財産のピックアップから始まる。預貯金、保険（解約返戻金）、住宅ローンなどを表に書き込もう。不幸にしてあなたが事故死した場合、残された家族は子どもが巣立つまで3000万円必要だったとする。もし死亡保険が5000万円なら掛けすぎ。ムダを省いてリスク運用の軍資金をひねり出す。

また、先行き10年分ぐらいの未来の現金収支表を作り、○年後に子どもが高校生、○年後に自動車買い替えなど仮イベントを書き込む表も作ろう。いくらNISAを始めたいといっても、まずは家計全体の収支の中で考えることが大切だ。

一・シミュレーションを半年間試みよ

長期投資だろうが短期売買だろうが仮想売買をおすすめしたい。損切りルールや分散投資、ポートフォリオの構成を決めて半年間ほど実験してみよう。あなた流ファンドがベンチマーク（日経平均株価）を上回ったかどうか、思いどおりにならなかった

ところなどが見えて訓練になるはず。

一．エクセルで管理グセをつける

エクセルを使って、銘柄、β値、過去5～20年の長期運用成績、中期計画などの表を作る。計算式も入力し、自分の金融資産の時価、平均コスト、配分割合などをわかるようにしよう。とにかく管理するクセを身につける。

一．証券会社・金融機関に足を運べ

本書では辛口に書いたが、証券会社や銀行には優秀なスタッフが大勢いる。窓口に足を運び、店頭で金融コンサルティングを担当している人たちと話をして生きた情報を得よう。大変タメになる。商品を買うかどうかは別。老婆心ながら。

一．日本経済新聞の記事をスクラップする

新聞を読んで、重要な投資情報だと思ったら切り抜こう。その後の株価が反応しなければ間違った価値判断ということになる。筆者の世代は駆け出しのころ、毎日全国紙5紙のスクラップをさせられた。面倒だと思っていたが、重要記事の取捨選別を繰り返すことで記者としての価値判断力を基礎から鍛えられた。Ｗｅｂなどでの流し読みはあまり力がつかない。

本書は、２０１１年11月に日本経済新聞出版社より刊行した同名書を、
最新の状況に合わせて加筆、修正して文庫化したものです。

日経ビジネス人文庫

なぜあなたは株《かぶ》・投信《とうしん》で失敗《しっぱい》するのか

2014年2月3日 第1刷発行

著者
田中彰一
たなか・あきかず

発行者
斎田久夫

発行所
日本経済新聞出版社
東京都千代田区大手町1-3-7 〒100-8066
電話(03)3270-0251(代) http://www.nikkeibook.com/

ブックデザイン
内山尚孝(next door design)

印刷・製本
凸版印刷

本書の無断複写複製(コピー)は、特定の場合を除き、
著作者・出版社の権利侵害になります。
定価はカバーに表示してあります。落丁本・乱丁本はお取り替えいたします。
©Nikkei Inc., 2014
Printed in Japan ISBN978-4-532-19721-6